MW01291239

Learn Spanish
Parallel Text
Easy Stories
Bilingual
English - Spanish

Content

About this Book

Audio Inside!

Learning Spanish with parallel text is the most rewarding and effective method to learn a language. Existing vocabulary is refreshed, while new vocabulary is instantly put into practice.

Recommended for beginners-, intermediate level learners of Spanish and as a refreshers course. It is so easy and enjoyable even absolute beginners with no prior knowledge can start learning. Make use of the included Audiobook in the form of mp3´s for practicing your pronunciation.

While we feel anyone at any level can work with these stories, a basic understanding of Spanish would be recommended to achieve the maximum learning effect and pleasure. Our entertaining stories contain European culture and characters. Our books are fun to read so you maintain concentration and learn from motivation.

Learn Spanish
Parallel Text
Easy Stories
Bilingual
English - Spanish

Copyright © 2014.

Recordings commissioned by
Polyglot Planet

All Rights Reserved.

Foreword

To achieve the highest learning effect, every line of text is intentionally formatted to suit the original text. In translating, I have in some cases taken the literal translation with the learners interest in mind. This might make the English grammar sometimes appear a little unusual, but the context is still clear and the focus remains on learning Spanish.

If you any comments or questions, you are welcome to write us at book@paralleltext.eu!

Una aventura en La Tomatina
An adventure in La Tomatina

Me llamo Sean y tengo 21 años.
My name is Sean and I'm 21 years old.

Soy de Nueva York, pero vivo en Barcelona, España, desde hace seis meses.
I'm from New York, but I live in Barcelona, Spain for six months.

Estoy estudiando Literatura Castellana y tengo mucha suerte de poder disfrutar de esta experiencia en España.
I'm studying Spanish Literature and I'm very lucky to enjoy this experience in Spain.

Pero a veces… me pasan cosas locas y divertidas como la que hoy os voy a explicar.
But sometimes… crazy and funny things happen, like the one that I'm going to explain to you today.

Llegué a España en marzo y me puse a vivir con unos chicos y chicas muy simpáticos, compartiendo con ellos un piso precioso en el centro de la ciudad.
I arrived to Spain in March, and I started to live with some very friendly boys and girls, sharing with them a beautiful apartment in the city center.

Es un placer poder vivir en el centro de una ciudad tan bonita.
It's a pleasure to live in the center of such a beautiful city.

Todo está muy cerca, incluso la universidad. En esta casa vivimos cuatro compañeros de piso.
Everything is very close, even the University. In the house we live are four room-mates.

Sara es de Sevilla y tiene veintiséis años, estudia arquitectura.

Sara is from Sevilla and she's twenty-six years old, she studies architecture.

José es de Barcelona, tiene veinte años, estudia ingeniería y es un apasionado del fútbol.

José is from Barcelona, he's twenty years old, he studies engineering and he's passionate about football.

Por último está Andrea, una chica del sur de Francia.

Finally, Andrea, a girl from the south of France.

Sus padres son españoles, estudia publicidad y también es bailarina de flamenco.

Her parents are Spanish, she studies advertising, but she's also a flamenco dancer.

¿No os parece que son increíbles?

Don't you think they are incredible?

Nos llevamos todos muy bien y vivir con ellos es muy sencillo.

We get along very well and living with them is really easy.

¿Conocéis Barcelona?

Do you know Barcelona?

Es una de las ciudades más grandes de España, y se encuentra en la zona noreste del país.

It's one of the biggest cities in Spain and is located in the Northeast of the country.

Es una ciudad que vive pegada al mar, por lo tanto tiene lo mejor de una gran ciudad (discotecas, grandes universidades, tiendas para ir de compras, restaurantes, museos…), pero también lo mejor de estar cerca de la playa en España (buen tiempo, el mar, cientos de playas preciosas…).

It is a city next to the sea, therefore it has the best of a big city (discos, big universities, shops to go shopping, restaurants, museums), but also the best from being close to the beach in Spain (nice weather, the sea, hundreds of beautiful beaches).

Además, Barcelona está rodeada de montañas por todas partes y está muy cerca de los Pirineos, las montañas más altas de España donde puedes esquiar durante todo el invierno y parte de la primavera.

In addition, Barcelona is surrounded by mountains on all sides and it's very close to the Pyrenees, the highest mountains in Spain, where you can ski during the Winter and part of the spring.

Es un lugar para quedarse, ¿no os parece?
It is a place to stay, don't you think?

La primavera pasó rápidamente en Barcelona.
The spring passed quickly in Barcelona.

Yo estaba muy ocupado estudiando y por las tardes jugaba al fútbol con José y su equipo.
I was very busy studying and in the evenings I played football with José and his team.

En España, el curso termina en el mes de junio.
In Spain, the semester finishes in June.

¡Había aprobado todas mis asignaturas con muy buenas notas!
I passed all my subjects with very good grades.

Ahora, tenía todo el verano por delante lleno de planes, al lado de la playa y con muchos amigos para pasármelo bien.
Now, I had all the whole summer in front of me, full of plans, next to the beach and with many friends to enjoy it.

Además, en España en verano en todos los pueblos hay fiestas tradicionales y populares de las que siempre había oído hablar, aunque muchas eran muy raras y no las entendía muy bien…

Furthermore, in Spain, during the summer, in every village there are traditional and popular parties that I have heard of, but many of them were very strange to me and I didn't understand them very well.

Mi amigo José me llamó un día de julio y me invitó a ir a una fiesta en un pueblo de Valencia que se iba a celebrar en agosto.

My friend José called me one day in July and invited me to go to a party in a village in Valencia that was going to be held in Augusto.

Dijo que era seguramente la mejor fiesta en la que seguramente habría estado en mi vida, y que no podía faltar.

He said that it is surely the biggest party that I have ever been to in my life and that I couldn't miss it.

Yo le pregunté: ¿por qué esa fiesta es tan espectacular?

I asked him: Why is this party so spectacular?

Y él… ¡no me dijo nada! Dijo que quería que fuera una sorpresa para mí, que sólo me iba a decir el nombre de la fiesta.

And he…didn't tell me a word! He said that it wanted it to be a surprise for me, that he will only give me the name of the party.

La fiesta se llamaba… La tomatina.

The party was called… the tomatina.

Por supuesto que que había muchas páginas de internet y sitios donde yo habría podido buscar información sobre la misteriosa " tomatina", pero mi amigo me hizo prometerle que no buscaría nada.

Of course, nowadays there are many websites and places where I could search for information about the mysterious "la tomatina", but my friend made me promise him that I would not search for anything.

José compró dos billetes de autobús y los trajo a casa.
José bought two bus tickets and brought them home.

Así fue como me enteré de que el pueblo al que íbamos a ir de fiesta se llamaba "Buñol".
That is how I learned that the village where we were going to go to the party was called 'Buñol'.

¡Por fin sabía algo más sobre la misteriosa fiesta de verano a la que iba a ir!
Finally I knew something more about the mysterious summer party to which I was going to go!

Buñol era, sin embargo, un pueblo muy pequeño en medio de la provincia de Valencia.
Buñol was, however, a very small village in the middle of Valencia.

¿Qué tipo de "gran" fiesta se podría hacer en un lugar tan pequeño? Seguía el misterio.
What kind of "big" party could take place in a place that little? The mystery continued.

Una semana antes de la fiesta, Sara, mi compañera de piso, me había explicado lo que significaba "tomatina".
One week before the party, Sara, my room-mate, explained to me what "tomatina" means.

"Tomatina" era algo así como tomate pequeño. ¿Qué era entonces la fiesta?
"Tomatina" was something like little tomato. What then was the party about?

Una fiesta de un pueblo buscando el tomate más pequeño del mundo? ¡Qué lío!

A party looking for the tiniest tomato of the world? What a mess!

Como os podéis imaginar en aquel momento yo estaba deseando ir de fiesta, pero al mismo tiempo pensaba... ¿a dónde diablos estoy yendo?

As you may imagine, at that moment I was looking forward to partying, but at the same time I thought… where the hell am I going?

El día de "La Tomatina" nos levantamos muy pronto... ¡a las 3 de la mañana!

The day of the "Tomatina" we woke up very early…three o'clock in the morning!

Desayunamos muy rápido y nos fuimos corriendo a la estación de autobuses.

We had breakfast very quickly and we hurried to the bus station.

Allí había un montón de jóvenes estudiantes como nosotros, cientos y cientos, esperando autobuses para Buñol.

There were a lot of young students like us, hundreds and hundreds, waiting for buses to Buñol.

Nos sentamos a esperar nuestro autobús y pude hablar con una chica de Francia.

We sat down waiting for our bus and I could talk with a girl from France.

Se llamaba Anne y me dijo que la Tomatina era la mejor fiesta a la que había ido en su vida.

Her name was Anne and she told me that the Tomatina was the best party she had ever been to in her life.

Y que este ¡era el tercer año seguido que viajaba a Buñol para estar allí el día de La Tomatina!

And that this one was the third year in a row that she travelled to Buños to be there for the Tomatina!

Estuve hablando con Anne durante mucho rato.
I was talking with Anne for a while.

Ella no hablaba español y su inglés era muy raro –tenía un gracioso acento francés cuando hablaba en inglés - pero era muy simpática.
She didn't speak Spanish and her English was very weird – she had a funny French accent when she talked in English – but she was very nice.

Y también era guapísima, rubia, con la piel muy blanca y los ojos verdes.
And she was a very beautiful blond, with very fair skin and green eyes.

Sin embargo, tuvimos que dejar de hablar, porque su autobús era el número quince y el mío era el número ocho.
However, we had to stop talking, because her bus was the number fifteen and mine was number eight.

¡Qué lastima! ¿Verdad?
What a pity! Don't you think?

El autobús ya fue una gran fiesta. Estaba lleno a tope de gente joven con ganas de marcha.
The bus was already a big party. It was full of young people that wanted to party.

Todo el mundo iba cantando canciones (en español, yo no me enteraba de mucho, eran muy difíciles) y bebiendo sangría para evitar el calor que hacía ese día.
Everybody was singing songs (in Spanish, I didn't understand very much, they were very difficult) and drinking sangría to avoid the heat that was from that day.

Pero el viaje… ¡fue larguísimo! ¡Más de cinco horas para intentar llegar a la famosa Tomatina!

But the journey… it was so long! More than five hours needed to arrive to the famous Tomatina!

Por fin, llegamos a Buñol.

At last, we arrived in Buñol.

¡Allí había miles de personas! Todo el mundo estaba muy feliz, y muchos llevaban gafas para bucear, bañadores, pantalones cortos, sandalias, gorros impermeables…

There were thousands of people! Everyone was very happy and many of them wore diving goggles, swimsuits, shorts, sandals, waterproof hats…

¿Para qué eran todas esas cosas? Poco a poco, fuimos andando hasta llegar al centro del pueblo, donde ya casi no cabía nadie más.

What were all these things for? Little by little, we walked until we arrived to the center of the village, it was almost full of people.

De repente, empezó a sonar una música, y la gente bailaba por todas partes.

Suddenly, it started playing with music, and people were dancing all around.

¿Esto era la Tomatina?

Was this the Tomatina?

Pues no me parecía tan espectacular…

It didn't seem so spectacular to me…

Me di cuenta de que la música procedía de unos enormes camiones.

I realised that the music came from huge trucks.

En los enormes camiones había gente, que tiraba algo a los que estaban en la calle.
In these huge trucks were people, that were throwing something to the ones in the Street.

¿Qué era? Era algo rojo y redondo... parecía... ¡eran tomates!
What was it? It was something red and round...it seemed like...they were tomatoes!

En ese momento empecé a reirme un montón. Mi amigo José me dijo ¿qué te parece?
At that moment, I started to laugh a lot. My friend José said to me, what do you think?

¡Yo no podía estar más feliz!
I couldn't be happier!

Aquello era una locura, imagínatelo: miles de personas riendo, saltando, bailando y ¡tirándose tomates los unos a los otros!
That was crazy, imagine that: thousands of people laughing, jumping, dancing and throwing tomatoes at each other!

Poco a poco, todo se volvió rojo y todo el mundo se divertía un montón.
Little by little, everything turned red and everyone was having a lot of fun.

La Tomatina empezó pronto y ¡duró toda la mañana!
The Tomatina started early and it lasted the whole morning!

Al terminar, yo estaba lleno de tomate de arriba a abajo, estaba rojo como si yo mismo fuera un tomate.
By the end, I was full of tomatoes from top to bottom, I was red like if I was a tomato myself.

Aunque no os lo creáis, es totalmente cierto.
Even if you don't believe it, it´s absolutely true.

Sabéis qué es lo mejor de todo? Que al terminar todo, la gente sigue en las calles, la música no para y la fiesta sigue.
Do you know what the best of it was? When everything finishes, the people continue in the streets, the music doesn't stop and the party continues.

Por eso, nos quedamos allí todo el día, comimos un plato típico de Valencia, paella, y bebimos una bebida típica, sangría.
So, we stayed there the whole day, ate a typical dish from Valencia, paella, and we drank a typical drink, sangría.

Justo después de comer decidimos ir a dar una vuelta por el pueblo.
Just after lunch we decided to go for a walk through the village.

Cuando llegamos a la plaza mayor llegó la última sorpresa del día… ¡Anne estaba allí!
When we got to the main square the last surprise of the day came… Anne was there!

Nos acercamos y nos presentó a sus amigas.
We approached her and she introduced us to her friends.

Entonces el baile de la fiesta empezó, y todos bailamos juntos y seguimos hablando.
At that moment, the party's dance started, and we all danced together and we continued talking.

Nos divertimos mucho, y creo que aquel fue el comienzo de una gran amistad…
We had a lot of fun, and I believe that it was the beginning of a great friendship…

Ahora Anne y yo vamos juntos a todas las fiestas y creo que muy pronto le pediré que salgamos juntos al cine algún día…

Now Anne and I go to all the parties together and I believe that very soon I will ask her to go to the cinema some day.,,

Si todo va bien, la Tomatina será a partir de ahora algo más que una gran fiesta - será también un lugar para encontrar el amor.
If everything goes well, the Tomatina will be from now something more than a big party, it will be also a place where you could find love.

¿Quién sabe?
Who knows?

Las curiosas tiendas de España
The strange shops of Spain

Me llamo Martha y tengo cuarenta y dos años.
My name is Martha and I'm forty-two years old.

Mi marido Stephen y yo vivimos en un pequeño pueblo del medio oeste de Estados Unidos.
My husband Stephen and I live in a little village in the US middle west.

Llevamos veinte años casados y tenemos dos hijos.
We have been married for twenty years and we have two children.

Nuestra hija, Sarah, tiene catorce años y nuestro hijo, John, tiene nueve años.
Our daughter, Sarah, is fourteen years old and our son, John, is nine years old.

Nuestra familia ha sido bendecida con amor, felicidad y muy buenos momentos, especialmente en nuestros viajes.
Our family has been blessed with love, happiness and very good moments, especially during our travels.

Los niños van a la escuela todavía, y yo trabajo media jornada en una oficina de abogados.
The kids still go to school, and I work part-time in a lawyer's office.

Mi marido tiene su propio negocio de compraventa de coches, y tiene varias tiendas en varios condados.
My husband has his own business of car buying and selling, and he has shops in various counties.

Desde que Sarah y John eran muy pequeños, Stephen y yo les hemos acostumbrado a viajar.
Since Sarah and John were very little, Stephen and I get them used to travel.

¡Los viajes siempre han sido nuestra pasión!
Travels have always been our passion!

Antes de tener hijos, viajamos a Vietnam, Sudáfrica, China…
Before having children, we went to Vietnam, South Africa, China…

Los países más exóticos eran nuestros favoritos.
The most exotic countries were our favourites.

Pero cuando tuvimos hijos, viajar se volvió un poco más complicado, y empezamos a optar por destinos más cercanos: Canadá, México… y, por supuesto, Europa.
But when we had children, travelling became a little more complicated, and we started to choose closer destinations: Canada, Mexico, and, of course, Europe.

Es muy difícil decidir qué país visitar en Europa: ¡todos tienen un montón de lugares atractivos!
It's very difficult to decide which country to visit in Europe: all of them have a bunch of attractive venues!

Hemos viajado a Francia y a Reino Unido en un par de ocasiones, pero Stephen estaba deseando viajar a España y recorrer este país, que para los americanos es un poco mítico, misterioso y con muchas costumbres extrañas, como el flamenco o los toros.
We've travelled to France and United Kingdom a couple of times, but Stephen was willing to travel to Spain and go through this country, that is for the americans a bit mythical, mysterious and with very weird peculiarities, like flamenco or bullfights.

Así que hace dos años nos decidimos y planeamos un gran viaje familiar a España, con los niños, por supuesto, que nos dieron muchas ideas sobre qué les gustaría visitar allí.

So, two years ago we decided and we planned a big family travel to Spain, with the kids of course, who gave us a lot of ideas about what would they love to visit there.

Estuvimos casi seis meses planificando el viaje, comprando los billetes de avión, de tren, entradas para los monumentos de las diferentes ciudades…

We were planning the travel during almost six months, buying the plane tickets, train tickets, tickets for the monuments of the different cities…

¡Queríamos tener todo muy bien planeado y que nada saliera mal!

We wanted to have everything very well planned and that nothing would go wrong!

A principios del mes de agosto volamos rumbo a Madrid, y después de más de doce horas de unos y otros vuelos, ¡por fin estábamos en España!

On the first days of August we flew to Madrid, and after more than twelve hours of different flights we were finally in Spain!

Teníamos por delante un mes entero para descubrir aquel país fascinante con milenios de historia.

We had an entire month in front of us to discover that fascinating country with a millennia of history.

Lo primero de lo que nos dimos cuenta fue que habíamos preparado todo muy bien, pero sin pensar en que haría tanto calor en Madrid aquellos días.

The first thing we realised was that we had prepared everything very well, but without thinking that it was going to be so hot in Madrid during these days.

Por eso, lo primero que hicimos fue ir a comprar un protector solar.

Therefore, the first thing we did was going shopping for sunscreen.

Y ahí fue donde empezó nuestra aventura con las compras en España.
And it was there where started our adventure with shopping in Spain.

España y Estados Unidos son muy diferentes en cuanto a las compras.
Spain and the United States are very different regarding going shopping.

En nuestro país, puedes ir a una farmacia y comprar de todo, desde medicinas hasta champú.
In our country you can go to a pharmacy and shop everything, from medicines to shampoo.

Pero en España no es así.
But in Spain it's not like that.

Y en las farmacias, por lo general…¡sólo venden medicinas!
And, in the pharmacies… in general… they only sell medicines!

Asique estuvimos casi una mañana entrando en una, dos, tres, infinitas farmacias hasta que nos dimos cuenta, y finalmente una chica nos explicó que teníamos que ir a una "droguería" a comprar aquello.
So it took nearly one whole morning going to one, two, three, infinite pharmacies until we realised, and finally a girl explained to us that we had to go to a "droguería" to buy that.

Después, con el diccionario, vimos que "droguería" significaba "drug store".
Later, with the dictionary, we saw that "droguería" meant "drug store".

Al final conseguimos encontrar una y nuestro protector solar.

20

We finally found one and bought our sunscreen.

Tras unos días en Madrid, donde visitamos el maravilloso Museo del Prado, porque a mí me encanta el arte, pero también el Estadio Santiago Bernabeú (porque mi hijo es un fanático del fútbol), nos fuimos a Barcelona.
After a few days in Madrid, where we visited the marvellous Prado Museum, because I love Art, but also the Santiago Bernabeu Stadium (because my son is a huge fan of soccer), we went to Barcelona.

Es la segunda ciudad más grande de España y está en el mediterráneo ¡es una ciudad preciosa!
It's the second biggest city in Spain and it's at the Mediterranean its a beautiful city!

Una de las cosas que más nos gustó fue una especie de bar muy especial que sólo existe en España (o al menos eso creo): el chiringuito.
One of the things we loved the most was a very special kind of bar that only exists in Spain (or so I think): the chiringuito.

¿Qué es el chiringuito?
What is the chiringuito?

Pues es un bar que está justo en la playa, sobre la arena, donde puedes tomarte desde un café a un cóctel por la tarde, pasando por una maravillosa paella o una cerveza.
It's a bar that is just in the beach, on the sand, where you can have from a coffee to a cocktail in the afternoon, but also a marvellous paella or a beer.

¿No os parece genial este tipo de sitios todo en uno?
Don't you think that all these all-in-one venues are great?

En Barcelona hicimos muchas excursiones a la playa y la montaña de Montserrat, muy cercana a la ciudad, y para las excursiones, mi hija tuvo la gran idea de hacer unos sándwiches…

In Barcelona we made several excursions to the beach and the mountain of Montserrat, very close to the city, and for the excursions, my daughter had the great idea of making sandwiches…

Por supuesto, en Barcelona hay supermercados como en toda España, pero nos encantó descubrir las tiendas específicas para los diferentes alimentos.
Of course, in Barcelona there are supermarkets like in the rest of Spain, but we loved to discover the special shops for the different groceries.

Por ejemplo, si quieres comprar carne en tu viaje a España, busca una "carnicería", es decir, una tienda de carne.
For example, if you want to buy meat in your travel to Spain, search a "carnicería", this is a meat shop.

Además, hay "charcuterías" que es el lugar donde venden los embutidos.
Furthermore, there are "charcuterías" which is the place where the sausages are sold.

La fruta, pero también la verdura, la encontrarás en la "frutería", o sea, la tienda de fruta.
The fruit, but also the vegetables you will find them in the "frutería", in other words, the fruit shop.

Y así, hay "lechería" para la leche, "panaderías" para el pan, "queserías" para el queso, "pescaderías" para el pescado …
And so there's "panaderías" for bread, "pescaderías" for fish…

Por supuesto, también en Estados Unidos hay este tipo de tiendas.
Of course, in the States there´s also these kind of shops.

La diferencia con España son estos divertidos nombres y que estas tiendas suelen estar agrupadas en el "mercado" o en las zonas de alrededor.

The difference with Spain are these funny names and that this shops are usually grouped in the "mercado" (market) or in the areas surrounding it.

Es muy divertido ir al mercado por la mañana, cuando van todas las amas de casa españolas, y disfrutar con sus consejos o recomendaciones... ¡son muy simpáticas!
It's is a lot of fun going to the mercado in the morning, when all the Spanish house keepers goes and enjoy the advice or recommendations... They are very nice!

Después de Barcelona decidimos ir a visitar la zona norte de España.
After Barcelona we decided to visit the north of Spain.

Pasamos un par de días en Santiago de Compostela, el lugar donde termina el Camino de Santiago.
We spent a couple of days at Santiago de Compostela, the place where the Path of Saint James ends.

Una ciudad muy espiritual.
A very spiritual city.

Algo muy curioso en España es que hay muchos tipos de iglesias con todo tipo de nombres: catedral, basílica, ermita...
Something very curious, is that in Spain is that there are many kinds of churches with all sorts of names: cathedral, basilic , hermitage...

Esto es por la larga historia y tradición cristiana que ha tenido este país.
This is because of the long Christian history and tradition that the country has had.

Y desde ahí, partimos hacia un pueblo de Asturias muy cercano.
And from there, we went to a village in Asturias very close.

Todo era verde, muy vivo, lleno de bosques y vacas, que producen de la mejor leche de toda Europa.
Everything was very green, very alive, full of forests and cows, that produce some of the best milk in Europe.

En Asturias conocimos otro establecimiento muy curioso, la sidrería.
In Asturias we discovered another venue very curious, the sidrería.

La sidrería es un bar en el que prácticamente sólo se bebe sidra, una bebida alcohólica que se hace a partir de las… ¡manzanas!
The sidrería is a bar where there's only sidra, an alcoholic drink that is made from…apples!

Es dulce y muy fresca, pero hay que tomarla con precaución ya que lleva alcohol.
It's sweet and very fresh, but you have to drink it with care, because it has alcohol.

En las sidrerías hay algunas tapas y algo de comer, pero muy poca variedad, allí lo principal es la sidra.
In the sidrerías there are some tapas and something to eat, but with very little variety, there the main thing is the sidra.

Desde Oviedo, la capital de Asturias, partimos en avión hacia el sur del país, porque no queríamos perdernos dos joyas históricas y culturales de España: Sevilla y Granada.
From Oviedo, the main city in Asturias, we left by plane to the south of the country, because we didn't want to lose two historic and cultural jewels in Spain: Seville and Granada.

En estas dos ciudades andaluzas no sólo descubrimos los más impresionantes edificios y lugares, sino algunas tiendas y establecimientos de lo más curioso.
In these two Andalusian cities we not only discovered the most impressive buildings and venues, but also some shops and really curious places.

Por ejemplo, en Sevilla, había unas cuantas decenas de tiendas sólo de ropa de flamenco - vestidos, zapatos, peinetas, mantones, sombreros para los hombres, chaquetas…

For example, in Seville, there were a few tens of shops that sold only flamenco apparel, with dresses, shoes, "peinetas", "mantones", hats for the men, jackets…

En definitiva, todo lo que vemos en los bailarines y bailarinas de flamenco, pero también es una ropa que se utiliza en las ferias, una gran fiesta anual que se celebra en muchas ciudades andaluzas.

To sum it up, everything we see on flamenco´s dancers, but it's also clothes that are used in the "ferias", a big annual party that is celebrated in many andalusian cities.

Nuestra experiencia en España descubriendo rincones maravillosos fue genial, pero descubrir estos lugares donde vendían sólo un tipo de productos o cosas, y sus nombres, ¡fue muy divertido!

Our experience in Spain discovering wonderful places was great, but discovering these venues where they only sell one kind of product or stuff, and their names, was very funny!

Aprendimos mucho español durante nuestro mes en España gracias a estos descubrimientos, y espero que vosotros también lo hayáis aprendido con nuestra historia.

We learned a lot of Spanish during our month in Spain thanks to these discoveries, and I hope you too have learned with our story.

La Aventura de Comer en España
Eating adventure in Spain

¿Habéis estado alguna vez en España? Es un país maravilloso.
Have you ever been to Spain? It's a wonderful country.

Mi nombre es Sarah Jones y tengo treinta y tres años.
My name is Sarah Jones and I'm thirty-three years old.

Vivo en Londres desde hace dos años, pero tuve la suerte de estudiar durante un par de años en España.
I live in London for two years, but I was lucky enough to study for a couple of years in Spain.

Trabajo para un gran banco del Reino Unido y estudié Economía en la Universidad.
I work for a big bank in the United Kingdom and I studied Economics at University.

Estoy casada, pero aún no tengo hijos. Mi marido se llama Marcos Sánchez, y le conocí, como os imaginaréis por su nombre, en España.
I'm married, but I don't have any children yet. My husband is called Marcos Sánchez, and I met him, as you may imagine by his name, in Spain.

Yo tenía veinte años y todo el verano por delante antes de que empezara mi primer curso de estudios de Economía en España.
I was twenty years old before the upcoming summer and before I started my first course of Economic studies in Spain.

Así que decidí irme con mi mejor amiga, Anne, a disfrutar de nuestro último verano juntas en mi nuevo país.

So I decided to go with my best friend, Anne, to enjoy our last summer together in my new country.

Anne iba a irse a estudiar a Australia ese año, así que íbamos a estar cada una en otro lado del mundo.
Anne was going to go studying in Australia that year, so we would each be on one side of the world.

Anne estudiaba medicina, ahora es una médico excelente que trabaja en Estados Unidos.
Anne studied medicine. Now she's an excellent doctor working in the US.

Durante el verano en España, en casi todas partes hace mucho calor, así que se puede disfrutar de ir a la playa, a la piscina, salir por la noche, bailar en las discotecas…
During the summer in Spain, it's very hot almost everywhere, so you can enjoy and go to the beach, to the swimming pool, go out at night, dancing in discos…

En pocas palabras: era un destino ideal para un viaje ideal de dos mejores amigas.
In other words: it was an ideal destination and an ideal place to travel for two best friends.

Además, los hoteles, hostales y apartamentos eran muy baratos en España, y habíamos trabajado durante el curso para ahorrar para pasar las vacaciones juntas.
Furthermore, the hotels, hostels and apartments were very cheap in Spain, and we have worked during the course to save in order to be able to spend the holiday together.

Planeamos tres meses recorriendo España, sus costas, sus montañas, las ciudades más grandes, los pueblos más pequeños, fiestas… ¡no queríamos perdernos nada!
We planned three months touring through Spain, its coasts, its mountains, its biggest cities, its tiniest villages, parties…we didn't want to miss anything!

En cuanto llegamos, empezamos a explorar, a divertirnos y a disfrutar. Aterrizamos en Madrid, la capital de España, donde nos alojamos en un pequeño hostal en el centro, justo al lado del Museo del Prado.

As soon as we arrived, we started to explore, to have fun and to enjoy. We landed in Madrid, the Spanish capital, where we stayed at a little hostel in downtown, just next to the Prado Museum.

Si te gusta el arte y vas a España ¡no puedes perderte el Museo del Prado!

If you like art and you go to Spain, you can't miss the Prado Museum!

Con todos sus cuadros de Velázquez, El Greco… es impresionante.

With all its paintings by Velazquez, El Greco… It's impressive.

Después de nuestro primer paseo por un museo tan grande y por las calles del centro de Madrid, estábamos realmente hambrientas.

After our first walk through such a big museum and the streets in downtown Madrid, we were really hungry.

Era hora de probar, por primera vez, le que siempre nos habían dicho que era delicioso, la comida de España.

It was time to taste, for the first time, what we have always heard as to be delicious, the Spanish Food.

¿Por dónde empezar? ¿Qué serían las tapas en realidad? ¿Y la paella?

Where to start? What would be real tapas be like? And paella?

Eran todas comidas rarísimas para nosotras, no sabíamos qué significaba nada, pero los menús parecían muy sabrosos, y las fotos de la comida realmente excitantes.

All of them were very strange food to us, we don't know what any of them mean, but the menus looked very tasty, and the photos of food seemed really exciting.

Entramos en un restaurante que estaba muy animado.
We went into restaurant that was very lively.

Había muchos chicos y chicas jóvenes comiendo "tapas", nos gustó mucho ese ambiente tan relajado.
There were many young boys and girls drinking and having "tapas", we liked the very relaxed atmosphere.

Había gente española, pero también turistas de todas partes del mundo.
There were Spanish people, but also tourists from all over the world.

Anne y yo nos sentamos y decidimos pedir, para empezar, un par de jarras de "sangría", una bebida que nos habían recomendado probar.
Anne and I sat and decided to order, first, a couple of jars of "sangría", a drink that people had recommended to us.

Teníamos mucha sed porque hacía mucho calor.
We were very thirsty because it was really hot.

La sangría es una bebida deliciosa, se hace con vino, limón, frutas frescas, canela...
Sangría is a delicious drink, it's made with wine, lemon, fresh fruits, cinnamon…

En cada casa y en cada bar, los ingredientes y proporciones cambian.
In each house and in each bar, the ingredients and proportions change.

Creo que en aquel verano debimos de probar unas trescientas formas diferentes de hacer sangría… ¡y todas estaban muy buenas!

I think that during that summer we could taste around three hundred different ways of doing sangría…and all of them were very good!

Así que os recomiendo que, si vais a España, la probéis.
So I recommend you that if you go to Spain, you taste it.

Eso sí, la sangría tiene alcohol, así que sed cuidadosos con ella.
But, the sangria has alcohol, so be careful with it.

Lo bueno es que hay muchos sitios en los que también la hay sin alcohol, ¡y está incluso más buena!
The good thing is that there are many places where they have it with no alcohol, and it's even better!

Y entonces, llegaron nuestras primeras tapas. Primero, llegó una cosa llamada croquetas.
At that moment, our first tapas arrived. First something arrived called croquetas.

No sé muy bien cómo explicaros lo que son.
I don't know really well how to explain what these are.

Es una comida caliente, frita, y rellena de una deliciosa crema con jamón, queso, carne… ¡también hay mil opciones!
It's a hot dish, fried and it has a delicious cream with jam, cheese, meat… inside. There are thousands of options, too!

Después, llegaron las aceitunas.
After that, the olives arrived.

Las aceitunas es de donde sale el aceite de oliva, pero en España se comen también crudas con el propio aceite, vinagre, ajo, especias… también, como después pudimos comprobar, había miles de tipos y formas de hacerlas.
The olives are where the olive oil comes from, but in Spain they eat them also raw, with oil, vinegar, garlic, spices… also,

as we can see later, there were thousands of types and forms of them.

Nuestras primeras tapas nos gustaron mucho.
We liked our first tapas very much.

Pero nuestro viaje siguió avanzando y seguimos probando platos de la cocina española.
But our trip continued and we kept trying dishes of Spanish food.

Uno de los que más nos sorprendió fue la famosísima paella.
One of the most surprising for us was the very famous paella.

¿Sabéis lo que es la paella?
Do you know what paella is?

Llegamos a Valencia, donde nos alojamos en un camping al lado de la playa.
We arrived to Valencia, where we stayed at a campsite next to the beach.

Habíamos alquilado un coche para nuestras vacaciones en la playa, y llegamos después de un par de horas de viaje, con mucha hambre, a la playa.
We rented a car for our holidays at the beach, and we arrived after a couple of hours travelling, very hungry, to the beach.

Allí había un "chiringuito", que es un bar justo en la arena, muy popular en España.
There was a "chiringuito", which is a bar just in the sand, very popular in Spain.

Y la especialidad del chiringuito era la paella.
And at the chiringito their special dish was the paella.

Así que Anne y yo no esperamos más y nos pedimos una paella para dos.

So Anne and I didn't wait any more and we ordered a paella for two.

La paella es un plato de arroz de color amarillo que está guisado y se come caliente.
The paella is a yellow stew rice dish that is eaten hot.

El arroz está muy bueno y suele venir acompañado con todo tipo de cosas.
The rice is very good, and it usually comes with all sort of things.

Por ejemplo, verduras o pollo, pero también mariscos.
For example, vegetables or chicken, but also seafood.

Algunos yo no los había comido nunca, como cangrejo.
Some of them I have never tasted, like crabs.

Puede que te guste o no la paella, pero desde luego si vas a España deberías probarla.
You may or may not like the paella, but if you go to Spain you should try it.

Como fuimos viendo poco a poco, a veces comer en España era una aventura.
As we discovered little by little, sometimes eating in Spain was and adventure.

Por ejemplo, un día en el norte de España pedimos una tapa de una cosa llamada "callos"… no sé cómo explicaros lo que es, es un tipo de carne de cerdo que a mí no me gustó nada, porque era un poco… viscosa.
For example, one day in the north of Spain we ordered a tapa of a thing called "callos"…I don't know how to explain what it is, but it's a kind of pig's meat that I didn't like at all, because it was a bit…viscose.

Otro día, en la ciudad de Burgos, que tiene una maravillosa catedral, comimos morcilla, que es una especie de salchicha especiada y negra, que se hace con la sangre del cerdo.

Another day, in the city of Burgos, that has a marvellous cathedral, we ate morcilla, which is a sort of black spicy sausage, that is made from pig's blood.

Como veis, en España se comen cosas de lo más variados... ¡y muy raras para alguien de afuera!

As you see, in Spain they eat very different things...and very weird ones if you're from abroad!

Algo del cerdo que sí que nos encantó fue el jamón serrano.

Something from the pig that we loved was the Spanish ham.

En España se come mucha carne de cerdo, pero esta en especial os la recomiendo, porque ¡está riquísima!

In Spain a lot of pig's meat is eaten, but this one in particular I really recommend, because it's so tasty!

Lo más divertido que nos pasó fue en un pueblo donde nos pusieron una tapa de... ¡caracoles!

The funniest thing happened to us in a village where we were served a tapa of...snails!

Sí, sí, caracoles... ¡no teníamos ni idea de cómo comerlos!

Yes, indeed, snails... we didn't have any idea of how to eat them!

Anne, que es bastante más valiente que yo lo intentó... pero no dio muy buen resultado.

Anne, who is much braver than I am, tried... but without good results.

Aquello era demasiado para nuestras rutinas alimentarias, así que no nos comimos los caracoles.

That was too much for our nourish routines, so we didn't eat the snails.

España es un país lleno de comidas deliciosas, extravagantes... pero sobre todo, muy divertidas si las descubrís con vuestros amigos o vuestra familia en vuestras próximas vacaciones.

Spain is a country full of delicious food, weird food... but above all they are very funny if you discover them with your friends or your family in your next holiday.

Seguro que después de probar estos y otros platos ¡tendréis mil historias que contar a la vuelta!

I'm sure that after tasting this and other dishes, you'll have a thousand of stories to tell when you're back!

La aventura de ir al cine por el mundo

The Adventure of Going to the Cinema in Other Places around the World

¿Alguna vez has ido al cine lejos de tu casa?
Have you ever been to the cinema in place far from home?

¡No, en otra ciudad no es suficientemente lejos!
No, another city is not far enough.

Me refiero a ir al cine muy, muy, muy lejos de tu casa: a miles de kilómetros de distancia.
I mean far, far, far away from home: many thousands of kilometres away.

Ir al cine en otro país es toda una experiencia.
Going to the cinema in another county is a unique experience.

En especial, para amantes del celuloide como yo mismo…
Especially for fans of celluloid like me...

¡Uy! ¡Perdona! Que no me he presentado:
Oh, sorry! I still haven't introduced myself:

Mi nombre es Antonio y tengo treinta años,
My name is Antonio and I'm thirty years old.

Soy crítico de cine profesional, y escribo para periódicos, revistas y de vez en cuando, para algún blog.
I am a professional film critic and write for newspapers, magazines and, every now and then, for a blog.

El cine es mi pasión. Desde que tengo quince años, cuando vi un auténtico peliculón "Star Wars, Episodio IV".
Cinema is my passion since, when I was fifteen, I saw a real masterpiece: "Star Wars: Episode IV".

35

Vi esta película con uno de mis primos, más mayor que yo, y desde entonces me enamoré del "séptimo arte".

I saw this movie with one of my older cousins and since then I have been in love with the "seventh art".

Aunque soy español, hace muchos años que no vivo en España.

Even though I am Spanish, I don't live in Spain anymore since many years.

Mi mujer, Marisa, trabaja para una ONG llamada "Médicos Sin Fronteras".

My wife Marisa works for a humanitarian organisation called Doctors Without Borders.

Ella es médico.

She's a doctor.

Gracias a su trabajo, hemos viajado por todo el mundo.

Thanks to her job we have travelled all around the world.

A veces, nos encanta el país en el que nos toca vivir durante unos meses o años.

Sometimes we love the country where we have to spend some months or years.

Otras veces, son países un poco peligrosos y apenas podemos salir de casa.

Some other times they are countries which are somehow dangerous, and one can leave the house.

Marisa ama su trabajo, y yo amo el mío.

Marisa loves her job, and I love mine.

Hoy en día, gracias a Internet, yo puedo ver películas esté donde esté, en cualquier lugar.

Today, thanks to the internet, I can see movies where I am, wherever I am.

Así, los dos podemos vivir y disfrutar de nuestras pasiones.
So we can both live and enjoy our passion.

Una de las ventajas de haber vivido en tantos países, en casi todos los continentes (América del Sur, África, Oceanía, Asia...) es poder ver películas un poco... digamos... "raras" que no habría podido ver en España.
One of the advantages of having lived in so many countries and continents (South America, Africa, Oceania and Asia) is to see movies that are a bit... let's say... "different" and that I couldn't have seen in Spain.

No te puedes imaginar la cantidad de películas que se hacen, cada año, y no llegan a nuestras pantallas.
You cannot imagine how many movies they shoot every year, which do not appear on our screens.

¡Hay miles de ellas!
There are thousands of them!

Lo mejor de haber vivido en lugares exóticos es haberlas podido ver.
The best thing about having lived in exotic places is that I was able to see those movies.

Bueno, y además de verlas, haberlas disfrutado en su contexto.
And, apart from having seen them, I could live them in their context.

Hay lugares en los que ir al cine es una verdadera y total aventura.
There are places where going to the cinema is a real adventure.

¿No os lo creéis?
Don't you believe it?

Pues tengo unas cuantas anécdotas e historias para demostrarlo.

I have a couple of anecdotes and stories which can prove it.

Hace unos ocho años Marisa y yo nos fuimos a nuestro primer destino: La India.

Eight years ago Marisa and I travelled to our first destination: India.

Allí, llegamos a un pequeño pueblo en la ladera de una montaña donde la ONG empezaba a trabajar.

There we were taken to a small village on a slope, where the humanitarian organisation began to work.

La misión de Marisa era ayudar a las mujeres del pueblo a mantener una mejor salud e higiene femenina y en el hogar

Marisa's task was to help the village's women to establish better health and hygiene for women and houses.

Mi misión, al principio, arreglar la pequeña y húmeda casa que nos habían dado para vivir.

At the beginning my task was to renovate the small, damp house they had assigned us to live in.

Recuerdo que a las dos semanas comencé a recibir películas del festival de Cannes para ver y escribir críticas.

I remember that, after about two of weeks, I received the movies from Cannes Festival in order to write reviews about them.

Algunas películas de amor, un par de acción y algún documental muy interesante.

Some romantic movies, a couple of action movies and an interesting documentary.

Pronto todo el pueblo sabía que yo era el experto en cine.

Soon the whole village knew that I was the expert in matters of cinema.

38

Y un día, el alcalde del lugar me invitó al "cine" del pueblo.
One day, the mayor invited me to the village's "cinema".

El cine del pueblo se montaba cada mes en un pequeño establo, cuando el tiempo lo permitía.
That village's cinema was built every month in a small shed, if the weather allowed it.

Casi siempre repetían las películas durante dos o tres meses seguidos, pero tuve suerte y para mi primera vez, tocó un auténtico estreno de Bollywood.
Those movies were almost always screened for two or three months, but I was lucky, because I could attend a real Bollywood première for the first time.

Aquella noche todo el pueblo estaba allí, deseando ver al "extranjero" que "amaba Bollywood".
That evening the whole village was there to see "the stranger who loved Bollywood".

¡Qué vergüenza! Aquella gente ni sospechaba que yo no iba a entender "ni papa" de aquella película…
How embarrassing! Those people didn't even imagine that I wouldn't understand a single word of that movie...

Cuando se hizo de noche, comenzó la película.
When the night came, the movie began.

Al principio, me sorprendió mucho porque… ¡todo el mundo seguía hablando sin parar!
At first I was very surprised, because the people just kept on chatting!

La gente comentaba cada detalle de la película: si los personajes les gustaban, aplaudían, si no les gustaban, les abucheaban.
The people commented the movie in detail: if they liked the characters, they applauded – if not, they hissed at them.

Muy pronto vi que aquella película era un drama con amor, humor y mucha música.

I soon realised that that movie was a drama with a lot of love, humour and loads of music.

En occidente habría sido un musical del más puro estilo de "Los Miserables".

In the West it would have been a "Les Misérables"-style musical.

En La India, era una fiesta no sólo en la pantalla, sino también para aquel pueblo.

In India it was a feast, not only on the screen, but for that village, too.

De repente, giré la cabeza a la derecha y ¡me caí de la silla del susto!

All of a sudden I turned my head to the right and nearly fell from the chair in fright!

A treinta centímetros de mí tenía una vaca, tumbada, que también estaba viendo la película.

Thirty centimetres away from me there was a cow, which lay there and watched the movie, too.

Aquello era una locura, pero en La India, la vaca es un animal sagrado, y respetan todas sus decisiones y gustos, incluso el de ir al cine.

That was totally mental to me, but cows are sacred animals in India and their decisions and wishes are respected, even if they want to go to the cinema.

Un par de años después, Marisa recibió un nuevo destino.

A couple of years later, Marisa obtained a new destination.

Esta vez, viviríamos en Mozambique, en África.

This time we had to live in Mozambique, Africa.

Una de sus compañeras había enfermado y tendría que sustituirla por tan sólo unos meses.
One of her colleagues was ill and she had to stand in for her for a few months only.

Aquel lugar era aún más pobre que el pueblo de la India.
That place was even poorer than the village in India.

Sin embargo, la gente era muy feliz, amable, trabajadora y acogedora.
Nevertheless, the people were happy, friendly, eager and affectionate.

El cine allí era un auténtico lujo, y la conexión a Internet, también, asi que durante esos meses me dediqué a leer libros sobre cine.
Cinema was a real luxury there, and so was an internet connection, so I read books about cinema during those months.

Aprendí muchas cosas nuevas.
I learnt lots of new things.

A los tres meses de estar allí, llegó al pueblo una especie de circo ambulante para celebrar una de las fiestas de la comunidad.
After three months there, some sort of travelling circus came to the village to celebrate a local feast.

¿Lo adivinas?
Did you guess?

¡Tenían un cine! Bueno, más bien, un proyector y una pantalla (que habían visto años mejores…)
They had a cinema. Well, to be honest, a projector and a screen (which had seen better days).

Sin embargo, al llegar la noche, ¡todo funcionaba perfectamente!

Nevertheless, it all worked perfectly when the night came!

Esta vez, la película era un viejo título de acción de Hollywood, que en el resto del mundo, había sido un estreno unos dos o tres años antes.
This time it was a Hollywood action movie that the rest of the world had seen two or three years before.

En esta ocasión, las estrellas eran nuestras compañeras, ya que el cine era totalmente al aire libre, a las afueras del pueblo.
On that occasion the stars were our guide, as the cinema was built in the open air outside the village.

Las estrellas, y mucho más, porque había todo tipo de ruidos de animales, insectos… la naturaleza, en general, acompañaba la proyección
The stars and many other things, because there were all possible noises of animals, insects... nature accompanied the projection, to say it in general.

Justo en mitad de la película, en la oscuridad, empezamos a ver algunos movimientos.
All of a sudden, right in the middle of the movie, we saw some movements in the dark.

Al mismo tiempo, se oía un ruido como de fuertes tambores…
¿tambores?
*And at the same time we heard a noise, like loud drum rolls...
Drums?*

¡En absoluto!
Absolutely not!

Un enorme elefante, gigantesco y salvaje, apareció por allí para darnos las buenas noches… ¡y de nuevo un buen susto!

En este caso, no fui yo el único en asustarse: todo el público salió corriendo de camino a sus casas.
A big elephant, huge and wild, appeared there to say goodnight... And what a fright! This time I was not the only one who got scared: the whole audience ran home quickly.

Poco después me enteré de que los elefantes tienen épocas de gran actividad nocturna, viajando para encontrar comida y agua.
Shortly after that I came to know that elephants have phases of great nocturnal activity, during which they travel to find food and water.

Yo desde entonces no he vuelto a ir a un cine tan "salvaje".
Since then I never went to such a "wild" cinema again.

Como véis, ir al cine por el mundo puede ser toda una aventura en sí misma.
As you see, going to the cinema in other countries can be a real adventure.

En otros lugares, como algunas zonas de China, en lugar de palomitas los films se acompañan con insectos fritos para picotear.
In other places, like in some parts of China, the movies are accompanied by fried insects instead of popcorn.

En España, la gran mayoría de las películas incluyen doblaje, por lo que pocas veces se escuchan las voces originales de los actores.
In Spain the majority of movies get dubbed, so one can only hear the actors' actual voices very rarely.

Estas y muchas otras anécdotas, puedes descubrirlas si… ¡vas al cine en todo el mundo!
You can live these and many more anecdotes if you go to the cinema all around the world!

Estados Unidos… "sobre ruedas"
United States…"on wheels"

Me llamo Susana y tengo 28 años.
My name is Susana and I am twenty-eight years old.

Vivo en una ciudad catalana, Girona.
I live in a city in Catalonia, Girona.

Está al norte de Barcelona, apenas a una hora de distancia en coche.
It is in the north of Barcelona, just an hour to drive by car.

Es una de las ciudades más bonitas, tranquilas y antiguas de Cataluña.
It is one of the most beautiful, quietest and oldest cities of Catalonia.

Si algún día puedes visitarla, te recomiendo que no te pierdas la zona del centro: ¡parece que vivimos todavía en la edad media!
If you have the chance to visit it, do not miss to visit the center: it seems like we are still living in the Middle Ages!

Me encanta viajar, pero como tengo mi propio negocio, no puedo viajar mucho.
I love to travel, but as I run my own business, I cannot travel frequently.

Es una pena, pero siempre tengo que estar muy atenta a mi empresa.
It's a pity, but I always have to pay attention to my firm.

Bueno, en realidad, es una pequeña empresa familiar: un restaurante.
Well, actually it is a small family business: a restaurant.

El restaurante fue fundado por mis abuelos hace ya más de sesenta años, increíble, ¿verdad?

The restaurant was founded by my grandparents over sixty years ago, incredible, isn't it?

El caso es que el año pasado tuve suerte, y pude cerrar el restaurante durante unos días después del verano.

However; last year I was lucky and was able to close the restaurant some days after the summer.

¡Por fin podía tener mis merecidas vacaciones!

Finally I should have my deserved vacation!

Ahora, con tantos destinos tan interesantes y tan maravillosos… ¿dónde ir?

Now, with so many interesting and wonderful destinations… Where to go?

Uno de mis sueños era conocer el 'lejano oeste' americano.

One of my dreams was to get to know the "Wild West" of America.

Cuando era pequeña, mis abuelos me cuidaban en el restaurante, y siempre me ponían películas de vaqueros en la televisión después de comer.

When I was a little girl, my grandparents took care of me in the restaurant and used to put Western films on the TV after lunch.

Yo las veía y me divertía un montón mientras hacía los deberes, merendaba...

I watched them all and had a lot of fun while doing my homework or having a snack...

Asi que decidí irme al oeste de Estados Unidos.

That's why I decided to go to the West of the United States.

45

Tenía muchos amigos que ya habían estado allí, y me daban envidia sus historias, pero también me vinieron muy bien sus consejos.

I had a lot of friends who had already been there and I was jealous of all their stories, but their advice were very useful to me.

Mi mejor amiga, Marta, también podía venir conmigo.

My best friend Marta could also come with me.

Ella es profesora, y nuestras vacaciones coincidieron ese año ¡de milagro!

She is a teacher and it was a miracle that we had vacation at the same time that year!

Gracias a Internet, hoy en día es muy fácil preparar un viaje al Oeste de Estados Unidos.

Thanks to the internet, today it is really easy to prepare a trip to the west of the United States.

Si hablas castellano, hay algunas páginas web que son muy útiles para preparar los viajes, pero mi favorita es losviajeros.

If you talk Spanish, there are a few websites which are very useful to prepare trips, my favourite one is losviajeros.

¿Por qué me gusta tanto?

Why I like it so much?

Porque es un foro donde auténticos viajeros, que han ido al destino que tú quieres, comparten sus experiencias, comentarios, opiniones, trucos, consejos... ¡es muy útil!

Because it's a forum where real travellers who have visited those destinations share their experience, make comments, give their opinion, tricks and advice... That's very useful.

Durante una semana estuve preparando el viaje y reservando todo: hoteles, moteles y los vuelos, por supuesto.

I was preparing the trip and booking everything during a whole week: hotels, motels and the flights, of course.

A mí no me gusta conducir y a mi amiga Marta tampoco, asique intenté reservar un par de trenes, autobuses y otras formas de transporte para viajar de un lado a otro... ¡esto sí que era difícil!

I don't like driving and my friend Marta neither does, so I tried to book tickets for trains, busses and other means of transport to travel from one site to another... Now that was really difficult!

Entonces en los foros leí que... ¡lo mejor para viajar en Estados Unidos es conducir!

Then I read in a forum that... The best way to move across the United States is driving!

En ese momento, nuestro viaje peligraba.
In that moment our trip seemed to fail.

Marta y yo éramos unas terribles conductoras.
Marta and I were horrible drivers.

¿Qué íbamos a hacer?
What were we able to do?

Marta dijo que no había problema: estaba segura de que yendo juntas, incluso lo pasaríamos bien conduciendo.
Marta said that it wasn't a problem at all. She was sure that together we could even have fun when driving a car.

Pero, por si acaso, practicamos un poco los días antes de salir de viaje.
But, just in case, we practiced some days before our voyage.

¡No queríamos que nada saliera mal!
We didn't want anything going wrong!

Al llegar a Estados Unidos, lo primero que hicimos fue ir a por nuestro coche de alquiler.

When we arrived in the United States, we first picked up our rental.

¡Tenemos un coche para nosotras solas! Estábamos emocionadas, nerviosas y muy ilusionadas.
We have a car just for us! We were happy, nervous and excited!

Parecía que, en lugar de un vuelo de trece horas, hubiera durado solo dos horas.
It seemed that the flight of thirteen hours had passed in only two.

Teníamos por delante miles de kilómetros y queríamos empezar ¡cuánto antes!
We had thousands of kilometres in front of us and wanted to start the earlier, the better!

Al llegar a la oficina de alquiler de coches casi nos desmayamos: ¡había una cola enorme de gente esperando y nos avisaron de que tardaríamos al menos una hora en tener nuestro coche!
When we arrived to the office of the car rental, we almost faint. There was such a big queue of people and we were adverted that it would take at least an hour to get our car!

Aquello era muy aburrido.
That was very boring.

¿Por qué había tanta gente alquilando un coche?
Why were there so many people renting a car?

En España, alquilar un coche al viajar no es algo muy habitual.
In Spain it is not very common to hire a car on a trip.

Lo hacemos cuando viajamos a una isla, por ejemplo.
We usually do it when we travel to an island, for instance.

Pero en el resto de los sitios, hay muchos trenes y autobuses que te llevan a dónde quieras.
But at the rest of places, there are a lot of trains and busses taking you wherever you want to go.

Muy pronto descubrimos por qué esa gente necesitaba un coche, y es que ¡Estados Unidos es enorme!
We discovered soon why so many people wanted a car, the United States are enormous!

Y, para nuestra sorpresa, no había un sistema de transporte público con tanta frecuencia y variedad como en España.
And to our surprise, there was no public transport system with such a frequency and variety as in Spain.

Así que, claro, necesitas un coche para moverte, o, al menos, es mucho mejor tenerlo: puedes viajar más rápido y más cómodo a donde quieras ir.
That's why you need a car to move across the country, or at least it is much better to have one: you can travel faster and in a more comfortable way travel where you want.

Por fin, llegamos al mostrador.
Finally we arrived at the counter.

Mi amiga Marta habla muy bien el inglés y nos entendimos a la perfección con la chica que nos atendió tras el mostrador.
My friend Marta talks English very well and we understood ourselves perfectly with the girl who was serving us at the counter.

En unos minutos, teníamos las llaves de nuestro coche, habíamos reservado un coche pequeñito, para las dos era suficiente… ¡nada más lejos de la verdad!
In a few minutes, we received the keys of our car. We had booked a small car, that was enough for the two of us... but what a lie!

Nos encontramos un enorme todoterreno rojo.
We got an enormous SUV in red!

Pensamos que era un error, pero en realidad las que se
equivocaron fuimos nosotras.
We thought it was a mistake, but actually we had been
mistaken.

La chica del mostrador nos había indicado que se habían
agotado los coches pequeños y que tenían que darnos aquel
coche gigante.
The girl at the counter had told us that they had run out of
small cars and that they had to give us that giant car.

Ya sabéis… cosas del idioma.
You know... Language issues.

Casi tuvimos que "escalar" para poder entrar en aquel enorme
coche.
We almost had to "climb" to get into that huge car.

Una vez dentro, nos quedamos alucinadas por todas las
cosas que tenía aquel coche: GPS incorporado, radio, radio
satélite, cámara ¡para ver cómo aparcar!.
Once inside, we stared in wonder at all the things the car had:
GPS, radio, radio by satellite and a camera to see how to
park!

En España, este coche habría sido un auténtico lujo,
normalmente nuestros coches no suelen tener todos esos
"extras".
In Spain, a car like this would have been a real luxury, our
cars usually don't have any of these "extras".

Marta arrancó y… ¡un momento! ¿Dónde está el embrague?
Marta started the car and... Just a second! Where is the
clutch?

¿Y la palanca de marchas? ¡No podemos movernos!

And the gear box? We cannot move!

Esa fue nuestra siguiente sorpresa… ¡en Estados Unidos casi todos los coches son automáticos!
That was our first surprise... In the United States, almost all cars are automatic!

En España… ¡justo lo contrario!
In Spain it's just the other way round!

Sin embargo, creo que debo deciros que… es mucho más cómodo conducir un coche "estilo Estados Unidos".
Nevertheless I have to admit ... That it is much more comfortable to drive a car with "American style".

Yo echo de menos que todo sea tan fácil.
I miss a lot that everything is so easy.

Pasado ese primer momento de confusión, nos hicimos a la carretera.
After these few moments of confusion, we got on the road.

Habíamos aterrizado en Los Ángeles y nuestro primer destino era la playa, queríamos dormir en Santa Bárbara.
We had landed in Los Angeles and our first destination was the beach, we wanted to sleep at Santa Barbara.

No pararon las sorpresas: ¡qué carreteras tan enormes!
The surprises didn't stop: how huge the roads were!

Más de cuatro y cinco carriles es lo habitual en una autovía de Estados Unidos, mientras que en España nuestras carreteras sólo tienen un par de carriles, o tres a lo sumo.
More than four or five lanes is usual for highways in the United States, meanwhile we just have a pair of lanes in Spain, or maybe three.

Después de estos primeros ratos divertidos, nos perdimos unas cuantas veces, y por fin llegamos a Santa Bárbara.

After these first funny moments, we got lost a few times and finally reached Santa Barbara.

Allí pasamos unos cuantos días maravillosos, pero pronto tuvimos que irnos, porque queríamos pasar unas noches en Las Vegas.
We spent a few wonderful days there, but had to break up soon as we wanted to spend some nights in Las Vegas.

Al salir de allí, nos metimos sin saber muy bien por una carretera con menos tráfico.
When we left, we drove without knowing into a road with less traffic.

Algunos carteles ponían algo relacionado con unos dólares… ¿era una autovía de peaje?
On some signs there was indicated something related to a few dollars... Maybe it was a toll road?

No teníamos ni idea.
We didn't have a clue.

En un momento dado, llegamos de nuevo a otro lugar con mucho tráfico.
After some time, we arrived at a place with much more traffic.

Unos meses después, nos llegó una multa a casa: ¡nos habíamos saltado un peaje sin darnos cuenta!
Some months afterwards, a ticket arrived at home: we had passed the toll station without knowing!

Esto es porque en España, los peajes tienen barreras, y es prácticamente imposible saltárselos, pero allí, no había barreras y no nos enteramos de que teníamos que pagar.
That's because in Spain, all toll stations have barriers, but there, there weren't any barriers and we didn't notice that we had to pay.

Estas fueron sólo algunas de nuestras "pequeñas aventuras" en Estados Unidos, un país que al final, nos encantó recorrer sobre ruedas.

These have been only a few of our "little adventures" in the United States, a country we finally loved to cross on wheels.

La última que os cuento, os vais a partir de risa, seguro.

This is the last one I have to tell you, sure you will laugh out loud for sure.

La primera vez que fuimos a echar gasolina, casi no pudimos.

The first time we tried to get petrol, we almost couldn't.

Los surtidores eran tan complicados que no los entendíamos.

The gas pump was so complicated, we didn't understand it.

Al final, una señora muy amable (¡de casi ochenta años!) tuvo que venir a ayudar a dos jovencitas como nosotras a "entender" toda aquella tecnología.

Finally a very nice old lady (almost eighty years old!) came to help us youngsters to "understand" all of that technology.

A pesar de todo esto, repetiremos viaje a Estados Unidos, y esperamos muy pronto volver a tener vacaciones para seguir descubriendo este precioso país sobre ruedas.

In spite of all this, we will repeat our trip to the United States and we are looking forward to have vacation again to continue discovering this beautiful country on wheels.

¿Por qué yo? El relato corto de George, el torpe.
Why me? The short story of clumsy George

Si piensas que eres una persona torpe y con mala suerte, puedes estar seguro de que no es nada en comparación a mi amigo George.
If you think you are clumsy and unlucky, I am sure that it is nothing compared to my friend George.

George es un joven de diecisiete años que ha pasado por todas las situaciones embarazosas imaginables.
George is a 17 year old who has gone through every possible humiliating incident.

Este pobre niño francés, habitante de la ciudad de París, se ha roto ya siete huesos, incluidos el fémur y la clavícula.
The poor little French boy, a resident of the city of Paris, has already broken 7 bones, including the femur and collarbone

Le han puesto ya ochentainueve puntos y por eso tiene la peor fama de la ciudad.
He has had 89 stitches and consequently got one of the worst reputations in the city.

Lo llaman el pitufo torpe de París.
He is called the clumsy smurf of Paris.

¿No me crees? Te describo un día de su vida:
Don't believe me? Here's a day of his life:

George se levanta todas las mañanas a las siete para llegar puntualmente al desayuno.
George gets up at 7am every morning to be on time for breakfast.

Suena su despertador e intenta apagarlo. Cuando lo hace, tira un vaso de agua por encima de un cable eléctrico y casi electrocuta a su gato Saphir, que tiene un año.

His alarm rings and he tries to turn it off. By doing so, he knocks over a glass of water on an electrical wire and almost electrocutes his 1 year old cat, Saphir in the process.

Es sorprendente que el gato haya sobrevivido durante tanto tiempo.

It is surprising that the cat has lived for even that long.

La última mascota de George, su carpa dorada, que curiosamente tenía el nombre de aciano, se murió en un accidente de coche cuando George intentó llevarlo a casa desde la tienda de mascotas donde lo había comprado.

The last pet George owned, his goldfish oddly named cornflower, died in a car accident when George tried to bring him home from the pet store, where he had bought him.

Cuando baja por las escaleras se tropieza con el segundo escalón, un escalón más que ayer.

Walking down the stairs he falls down at the second step, one more step than yesterday.

Su madre ya lo está esperando abajo en las escaleras, con tiritas y vendas a mano.

His mother is already waiting for him at the bottom of the stairs, ready with band-aids and gauze in hand!

„George, hace tres días ahora que no te he llevado al hospital.

"George, it's been three days since I haven't brought you to the hospital.

Estás a punto de romper tu récord de cuatro días sin ir.

You're getting close to breaking your record of four days without going.

¡Ten cuidado, hijo! Hoy es un día importante, es el día de Reyes y he preparado nuestro roscón de Reyes para esta noche."

Pay attention, my boy! This is a very important day, you know? Today is the Three Kings Day and I prepared our pie for tonight."

„Sí mamá, sé que estamos a seis de enero, pero no me apetece mucho.

"Yes mum. I know very well that we are on January 6th, but I don't feel like it.

Encontraré la alubia de la mala suerte de porcelana escondida en el roscón."

I will find the unlucky porcelain bean hidden in the pie"

„Probablemente cierto, hijo, pero ¡por lo menos podrás disfrutar del postre!"

"That's probably true, my son, but at least you can enjoy the dessert!"

Sin arriesgarse en la cocina, a saber qué cosas le podrían pasar al pequeño George, se sale afuera para tomar el aire.

Without taking any chances in the kitchen, who knows what sort of things little George could trip over in there, he goes outside to get some air.

La nieve refleja la luz brillante a los ojos de George, pero procura caminar hacia la acera.

The snow reflects the bright light in George's eyes, but he manages to walk towards the side-walk.

Haciendo caso a las instrucciones de su madre, hace todo lo posible por tener cuidado.

Listening to the instructions of his mother, he tries his best to be cautious.

Desafortunadamente, George lo puede intentar, pero los problemas lo encuentran en todas partes.

Unfortunately, George can try well, but trouble finds him everywhere.

Para evitar el hielo en un lado de la acera, camina por la nieve del otro lado.
Trying to avoid the ice on one side of the sidewalk, he walks on the snow on the other side.

Pero el pobre necio no se dio cuenta de que también había hielo debajo de la nieve.
But the poor little fool didn't realise that there is also ice beneath the snow.

Prestando menos y menos atención a sus pasos, se resbaló a unos veinte metros del umbral de su puerta, a cinco metros menos que ayer.
Paying less and less attention on his steps, George slipped on the door, about 20 meters from his doorstep, 5 meters less than yesterday.

Al levantarse se da cuenta de que se ha roto el coxis.
Getting up, he realises that he broke his tailbone.

Afortunadamente sabe que con esta lesión no es necesario ir al hospital, con la experiencia de centenares de lesiones similares, está bien informado en este campo.
Fortunately, he knows he will not have to go to the hospital for this injury, with the experience of hundreds of injuries of the same type, he is well informed in this area.

Sin arriesgarse más, se vuelve cuidadosamente a casa.
Without taking any more chances, he returns home carefully.

¡Y sí! Cuando entra en la cocina de su casa, se resbala en una cáscara de plátano que su hermano había dejado adrede en el suelo, después de haberlo fregado su madre.
And yes! Upon entering the kitchen at home, he slips on a banana peel his brother has purposefully left on the slippery floor which his mother had just mopped.

"Típico, ¡me encanta!" dijo su hermano con una risa que
llenaba la habitación.
*"So cliché, I love it!" said his brother Antoine with a laugh that
filled the room.*

„¡Cuánto me gusta hacerte sufrir!
"How I love to make you suffer!

Y además me voy a encargar yo, el más joven de la familia,
¡de que esta noche te toque la alubia de la mala suerte!"
*And on top of that, me, the youngest of the family, will make
sure that you will find the unlucky bean tonight!"*

„¡Basta ya, Antoine!" ordenó la madre, dando fin a la corta
conversación.
*"Enough Antoine!" ordered their mother. The brief
conversation ended abruptly with this comment.*

George subió las escaleras y alcanzó el tercer escalón antes
de caerse de cara y darse con la nariz en las escaleras.
*George climbed up the stairs and got to the third step before
falling face forward directly on his nose.*

Es sorprendente que su nariz siga intacta con todas estas
lesiones.
*It is surprising that with all these injuries, his nose has
remained intact.*

Esta vez es su padre quien le espera al final de los escalones
con tiritas y vendas a mano.
*This time though, it is his father who turns up at the end of the
stairs with dressings and bandages in hand.*

George vuelve a su habitación y Saphir se esconde
rápidamente lejos de su amo.
*George returns to his room and Saphir rushes to hide far away
from his master.*

George se va al baño. El suelo había sido fregado por su madre y estaba resbaladizo.
George enters his bathroom. The floor, also cleaned by his mother, was very slippery.

Y por supuesto que George se resabaló aterrizando directamente en su coxis.
And of course, George slipped directly on his tailbone.

Mientras estaba tomando una buena ducha caliente para cambiar de pensamientos, dejó caer su pastilla de jabón dieciocho veces en seis minutos, es decir tres veces por minuto, cada veinte segundos.
While he was taking a good, hot shower to clear his head, George dropped his bar of soap in total 18 times in 6 minutes, so 3 times per minute, once every 20 seconds.

Y como si no fuera bastante mala suerte, a George le faltaba agua caliente y el agua frío hizo que se helara. .
As if it wasn't enough bad luck already George ran out of hot water and froze from freezing tap water.

Este cambio repentino de temperatura lo cogió por sorpresa y le hizo caerse de espaldas.
This sudden change in temperature took him by surprise and sent him falling on his back.

Cuando caía intentó agarrar su cortina de ducha intentando equilibrarse.
During his fall, he tried to grab his shower curtain in attempt to regain his balance.

Terminó acostado en el suelo, envuelto en la cortina de ducha como un burrito humano, con agua que se salía de la bañera al suelo.
He ended up lying on the floor, wrapped in the shower curtain like a human burrito, with water flowing from the tub all over the floor.

Consiguió vestirse sin ningún problema.
He managed to get dressed without any problems.

Pero su madre le hizo cambiarse ya que llevaba una camisa a cuadros llena de manchas de mostaza amarillas y un pantalón a rayas naranjas y verdes que estaba roto.
However, his mother made him change his clothes because he wore a plaid shirt, stained with mustard and a pair of stripped orange and green pants.

George no era daltónico aunque su madre tuviera sus dudas.
George was rather not colour-blind, but his mother had her doubts.

George decidió dormir hasta la cena. Según él estaba protegido de posibles accidentes cuando dormía.
George decided to sleep until dinner. According to him, during the sleep, he was protected against any possible accidents.

Sin embargo se cae y se mueve por todas partes durante su descanso.
However, during his rest, he tumbles and moves everywhere around.

George también es sonámbulo. Va corriendo por su habitación y lanza cosas.
George also sleepwalks. He runs in all directions of his room and throws objects.

Su pobre gato es víctima de ese ataque.
His poor cat, it is the victim of this attack.

A las seis es hora de cenar.
At 6 o' clock, it's time for dinner.

Mientras se dirige hacia ahí, se tropieza varias veces, pero ¡ya no sorprende eso!
While heading there, George stumbles several times, not surprisingly!

Su madre pone la mesa y sirve varios platos.
His mother sets the table and serves several dishes.

George ve un plato de queso y uvas y estira el brazo para cogerse un cuchillo para cortar queso y un plato.
Seeing a plate of cheese and grapes, George reaches out to take a cheese knife and a plate.

Su prima Julianne le acerca una tirita sin vacilar.
Without hesitation, his cousin Julianne hands him a small bandage.

George mira su mano confundido.
A bit confused, George looks at his hand.

Y efectivamente se había cortado entre su pulgar y dedo índice.
And yes, he had cut himself between his thumb and forefinger.

La risa se extendió alrededor de la mesa.
Laughter began to spread around the dinner table.

Saphir salta a las piernas de su amo habiendo llegado la hora del plato principal.
Having arrived for the main course, Saphir jumps on the lap of his master.

George le quiere dar un poco de pescado y le ofrece su plato debajo de la mesa.
Wanting to feed him some fish, George holds his plate under the table.

Aunque no fuera del todo la culpa de nuestro pitufo torpe, se cayó el plato y se rompió en mil pedazos.
Although it was not entirely the fault of our clumsy smurf, the plate fell down and burst into pieces.

Su madre volvió a la cocina para coger otro plato, esta vez uno de papel.
His mother returned to the kitchen to get another plate, this time though, George was given a paper one.

¡Y por fín es hora de tomar el roscón de Reyes!
It's finally time for the king's pie!

Antoine, el más joven de la familia, cortó el roscón y lo sirvió a su familia.
Anthony, the youngster of the family, cut the cake and served his family.

Cortó cuidadosamente el primer trozo y se lo dio a su madre.
Gently, he cut the first piece and gave it to his mother.

El segundo trozo se lo dio a su padre y así seguía.
The second piece was given to his father and so on.

El último trozo, más pequeño que los otros, se lo dio a George.
The last piece, smaller than the others, was given to George.

Sin dudarlo mete su cucharita dentro de su trozo del roscón y hurga en la masa de almendras.
Without hesitation, George dips his spoon in the middle of his piece and digs through the almond dough.

Al tiempo se desmotiva. Mete una segunda vez la cucharita para hurgar la crema amarillenta.
With the time, he started to get discouraged. He makes a second pass through the yellowish cream.

Mira a todos los miembros de su familia. Miran todos a su madre con una leve sonrisa.
He looks at all the other members of his family. They all look at his mother with a discreet smile.

Normalmente los otros estarían frustrados si encontraran la alubia de la mala suerte.
Normally, the others would be frustrated if they found the unlucky bean.

George está confundido. Ve a su hermano llorando debajo de la mesa y decide buscar otra vez en su trozo del roscón.
George is confused. He sees his brother crying under the table and he decides to have another look into his cake.

Cuando llega un poco más hacia abajo nota otra consistencia en la masa, algo más duro.
By digging a little deeper, he feels something with a texture different from the cake, a harder texture.

¡George se puso muy nervioso! Corta su trozo de roscón en dos partes y coge una cucharadita de la crema de almendras.
George was ecstatic! He cuts his cake in half and takes a big dollop of cream.

Y es cierto...¡Encuentra el pequeño rey de porcelana!
And as a matter of fact! He finds a small porcelain king!

Se supone que la figura da suerte y alegría a quien la encuentre.
The figurine is supposed to bring luck and joy to whoever finds it.

Con la esperanza de haber encontrado suerte, George se levanta y va rápido hacia las escaleras.
With the hope of having some newfound luck, George gets up and rushes towards the stairs.

Uno, dos, tres, cuatro, cinco, seis, siete, ocho, nueve, diez, once y doce.
One, two, three, four, five, six, seven, eight, nine, ten, eleven and twelve.

Consiguió subir todos los escalones sin ningún problema.

He managed to climb all the stairs without any problem.

Con la misma suerte baja las escaleras y ve a su madre con tiritas y vendas en la mano observándolo con asombro y alegría.
He makes it down with the same luck. He sees his mother with dressings and bandages, watching him with a surprised and joyful look.

George sale y corre por encima del hielo.
George goes outside and runs on the ice.

Diez metros, veinte, treinta, cuarenta, cincuenta, sesenta, setenta, noventa, cien.
Ten metres, twenty, thirty, forty, fifty, sixty, seventy, eighty, ninety, one hundred.

Vuelve corriendo sin ningún problema.
He runs back without any problems!

Aquella noche la madre de George y Antoine se lo explica todo a su marido.
That evening, the mother of George and Antoine explains everything to her husband.

„He metido figuritas en cada trozo del roscón.
"I put figurines in each piece of the pie.

Sí, he roto la tradición, pero un efecto placebo es de vez en cuando lo único que necesitamos para curarnos.
Yes, a break with tradition, but sometimes a placebo effect is all that it takes for us to heal.

Nuestro pequeño pitufo se ha convertido en un héroe. Y me pone muy contenta.“
Our little smurf has become a hero. And I'm so happy about it."

„¡Muy bien, Lisa! Siempre he sabido de que eres capaz de hacerlo todo por nuestra familia.
"Good job Lisa! I always knew you were capable of doing everything for our family.

Espero que tengas en cuenta que el año que viene puede que desaparezca su suerte si no encuentra el pequeño rey de porcelana de nuevo" dijo en tono burlón, pero con una risa amable.
I hope you realise though that next year, his luck might be gone if he does not find his little porcelain king again." the father answered with a mocking, but loving laugh.

En esta vida es importante ver siempre el lado positivo de las cosas
In life, it is important to always see the good side of things.

Las personas no siempre tienen una vida fácil, pero podemos aprender de este relato.
People don't always have an easy life, but we can learn from this story.

Toma las riendas de tu vida e intenta conseguir tus metas.
Take your life in your own hands and strive to achieve your goals.

Algún día encontrarás tu propia figurita de la suerte.
One day you will find your very own magic figurine.

*1
Le petit déjeuner: „Desayuno" en francés. En el francés de América del Norte se suele utilizar la expresión „déjeuner".
Le petit déjeuner: breakfast in French. In North American French, the term déjeuner is often used instead.

2*
„L'épiphanie", la epifanía o el día de Reyes es un día festivo en Francia. Es tradición tomar la „Galette des Rois", el roscón de Reyes, ese día. Este postre dulce está hecho normalmente

de hojaldre con crema de almendras. Se esconde una pequeña figurita de la suerte dentro que da suerte y alegría.

L'épiphanie is a French celebration. It is tradition to serve a Galette des Rois during this holiday. This sweet desert is generally made of almond based custard surrounded by a flaky pastry. The top is elegantly decorated. In the dessert, the maker hides a small porcelain figurine that is supposed to give luck and happiness to its finder.

3*

Daltonien: daltónico

Daltonien: colour-blind / color-blind

*4

Benjamin: el miembro más joven de la familia. Según la tradición es el miembro más joven de la familia quien reparte la Galette des Rois.

Benjamin: the youngest member of the family. This family member traditionally serves the Galette des Rois.

Cita online salió mal
Online Dating Gone Wrong

Durante estos últimos cinco años el pobre Lucas ha sido soltero.
During the last five years, poor Lucas has been single.

Además y a pesar de haber terminado su licenciatura en teatro de marionetas, de ser un profesional y muy calificado, no tiene suficiente dinero para salir de la casa de su infancia.
In addition, despite having finished his Bachelor's degrees of puppet theatre and being very professional and well qualified, he does not have enough money to move out of his childhood home.

Lucas vive en casa con su madre Bertha, su padre André-Joseph-Robert-Sa'd y su erizo que le había dado su difunta abuela.
Lucas lives in the house with his mother Bertha, his father André-Joseph-Robert-Sa'd and his pet hedgehog that was given to him by his late grandmother.

Pero Lucas también tenía una segunda familia que le importaba más que la primera.
But Lucas also had his second family that was, according to him, more important than his first family.

No, no me refiero a sus padrinos, sino a su colección de títeres.
No, I'm not talking about god-parents, but his collection of puppets.

Esa colección consiste enr más de cincuenta títeres.
This collection includes over fifty puppets.

Pero Lucas tiene unos favoritos que utiliza todo el tiempo y con los que habla seguidamente.

But Lucas has some favourites, which he uses and discusses with all the time.

Su marioneta favorita, una imitación de su erizo, era una de sus últimas creaciones.
His favourite being a look-a-like of his hedgehog, was one of his last creations.

También le encanta su títere Sarah, una muñeca china hecha de porcelana, que se podía mover de todas las maneras.
He also loves his puppet Sarah, a doll made of porcelain in China which could be moved in all different types of poses.

Según Lucas estaba hecha así porque la pequeña Sarah había sido gimnasta olímpica en otra vida.
According to Lucas, she was made like this because in another life, little Sarah was an Olympian in gymnastics.

A pesar de todo el amor que Lucas daba a sus amigos, pensaba que no recibía nada a cambio.
Despite all the love that Lucas gave to his friends, he found he was not getting enough in return.

Durante la noche pensaba a veces que sus títeres se movían para guiñarle el ojo o para mirarle con ojos de amor y darle las buneas noches, pero ese amor no era suficiente para él.
Sometimes during the night, he thought he saw his puppets move to wink at him or look at him with loving eyes and wish him a good night, but this love was not enough for him.

Un día vino su amigo Paul, también titiritero, a visitarle porque estaba preocupado por su bienestar.
One day, his friend Paul, also a puppeteer, came to visit him because he was a little worried about his wellbeing.

„Lucas... no te lo tomes a mal, pero sinceramente... Tienes veinticuatro años y no tienes novia.

"Lucas ... please don't take this the wrong way, but frankly ... you're 24 years old and you do not have a girlfriend..

Lo de tus títeres está llegando demasiado lejos, ¡hasta para mí!"
Your puppets, they're starting to go too far, even for me!"

¡Mira! No necesito a nadie. Tengo a Sarah y a todos los demás!"
"Look! I do not need anyone. I have Sarah and all the others!"

„¿Sarah? Estás hablando de nuevo de Sarah, ¿la que era gimnasta en otra vida? No Lucas, ¡ni siquiera está viva!"
"Sarah? Are you talking about Sarah past life gymnast? No Lucas, she is not even alive!"

„Por lo que yo sé, tiene dos ojos, dos brazos, dos piernas y una cabeza.
"As far as I know, she has two eyes, two arms, two legs and a head .

Según mi curso avanzado de biología del colegio, eso significa que está viva."
According to my advanced biology class from elementary school, it means she is alive."

„¡Mis consejos vienen de todo corazón, Lucas!"
"My advice comes straight from the heart Lucas!

Mira, me voy dejándote con una pequeña idea y puedes hacer con ella lo que quieras."
Look, I'll leave you with a little idea and you can do whatever you want with."

Paul le da un pequeño trozo de papel y se va sin decirle adiós.
Paul gives him a small piece of paper and left without saying goodbye.

En el papel hay anotadas de manera poco legible una página web y una pequeña nota:
On the paper was written in small and barely readable letters a website and a small message:

www1.rendezvousdamour.org, un sitio de citas online donde puedes encontrar la Sarah verdadera que te mereces, Paul.
www1.loverendezvous.org online dating site where you can find a real Sarah that you deserve, Paul.

Lucas no sabía realmente qué hacer.
Lucas did not really know what to do.

Quería mostrarle a Paul y a todos sus compañeros que era capaz de ser independiente.
He wanted to prove to Paul, and all his peers, that he was able to be independent.

Por otro lado, quería empezar una nueva vida y dejar la casa de sus padres.
On the other hand, he also wanted to start a new life and leave his parent's house.

„¿Qué opinas tú, Harry?" le pregunta Lucas a su erizo.
"What do you think, Harry?" Lucas asked his hedgehog.

No le contesta nada, pero Lucas estaba casi seguro de que lo había visto guiñarle el ojo.
It says nothing in return but Lucas was almost certain that he saw it wink at him.

Pero para ser totalmente franco, nuestro amigo Lucas está bastante mal de la cabeza.
But to be completely honest our friend Lucas is pretty crazy.

Después de tomarse su tiempo para pensar, Lucas decide encender su portátil.
After taking some time to reflect, Lucas decides to turn on his laptop.

Abre un navegador y escribe la dirección de la página web en la barra del navegador.
He opens a browser and writes the website into the address bar.

Se le invita a crear un perfil.
He is invited to create a profile.

En ese momento entra su madre Bertha en su habitación para preguntarle lo que quiere para cenar.
At that time, his mother Bertha enters his room to ask him what he wants to eat for dinner.

Lucas se da prisa para esconder la pantalla, pero su madre lo pilla haciéndolo y le pregunta por qué lo está escondiendo.
Lucas rushes to hide the screen but his mother catches him in the act and asks him what he is doing and why he's hiding it.

Sabe muy bien que no puede evitar las preguntas de su madre y gira la pantalla para mostrárselo.
He knows very well he cannot avoid his mother's questions and rotates the screen to show her the site.

„¡Lucas, Lucas, Lucas, estas cosas no tienes que escondérmelas!
"Lucas, Lucas, Lucas, you do not need to hide such things from me!

Tengo un montón de amigas que tienen perfil en love rendezvous y hasta les he ayudado a crear sus perfiles.
I have lots of friends who have profiles on love rendezvous and I even helped them create their profiles.

Te voy a ayudar con el tuyo."
Here, I'll help you with yours."

Indeciso porque no quería crear un perfil con su madre, Lucas se toma su tiempo antes de dejarle el ordenador.

Undecided, not wanting to make a profile with his mother, Lucas takes a little time before letting her take the computer from him.

Finalmente le dio el portátil de manera reticente.
Finally, he handed his laptop over reluctantly.

„¡Empecemos! Te haré preguntas, las contestarás y yo pondré tus contestaciones en tu perfil," dijo Bertha. "Primera pregunta: ¿Qué te gusta?"
"Let's start ! I will ask you questions, you will answer them and I will write your answers in your profile" Bertha said "First question, what do you like?"

„Ah, me gustan los títeres. Crear títeres. Asistir a festivales de marionetas. Hablar con títeres.
"Uh, I love puppets. Making puppets. Attending puppet festivals. Talking to puppets.

Ah, y claro, jugar con ellos..."
And, uh, playing with them…

„¿Títeres?" le interrumpe su madre con voz frustrada. „ No, ¡eso no lo puedo poner!"
"Puppets?" Interrupted his mother with a frustrated tone. "No, I cannot write this!"

„¡Mamá! Mi perfil me tiene que presentar a mí, mi VERDADERA personalidad."
"Mom! My profile is supposed to reflect me, my TRUE personality."

Su madre se puso a reír: „¿te crees que los perfiles de las personas son verdaderos y representativos?
His mother laughed: "do you really think that people's profiles are real and representative?

¡Te estás equivocando, chico!"
"You are wrong, boy!"

"Ok, ok, qué me gusta ... Me gustan criaturas inventadas que no existen, como unicornios, dragones, el monstruo de Loch Ness y chicas amables."
"Ok, ok, what I like ... I like invented creatures that do not exist such as unicorns, dragons, the Loch Ness monster and nice girls."

„¡LUCAS! ¡Te he educado mejor! Nos vamos hacia la siguiente pregunta. ¿Comida favorita?"
"LUCAS ! I raised you better than that! Moving on to the next question. Favourite food?"

„De manera comestible"
"The edible kind"

„¡Eres imposible! ¡Deja ya de quemar tus puentes! "
"You are impossible! Stops burning all your bridges!"

„No me arrepiento nunca de quemar puentes, mamá, sólo me arrepiento que no haya ciertas personas encima de ellos cuando los quemo."
"I never regret when I burn bridges mom, I only regret that there aren't certain people standing on them when I burn them down"

Aún estando muy descontenta con el comportamiento de su hijo, Bertha continúa haciéndole preguntas.
Despite being really dissatisfied with the behaviour of her son, Bertha continues to try to ask him questions.

„Ok, una pregunta muy fácil, ¿tienes una vida satisfactoria?"
"Ok, a really easy question, do you have a good life?"

„No lo sé, pero ¡mejor que la tuya!" Lucas se pone a reír, pero intenta contenerse: "Perdona, pero ¡es muy gracioso!
"I do not know, but it is better than yours!" Lucas laughs, but tries to contain himself "I'm sorry, but it's just too amusing!

Ok, una última pregunta y después te dejaré que me hagas mi perfil tú solita, si hago otra broma."
Ok, one last question and then I'll let you make my profile all by yourself if I make jokes again"

„Ok, siguiente pregunta, defínete en una simple palabra"
"Well then, next question, define yourself in one simple word"

„¡Simple!"
"Simple!"

„¡Basta ya!"
"Enough!"

"¡Pero si no ha estado tan mal, mamá!"
"That was not so bad, Mama!!"

„¡Me da igual! Voy a terminar tu perfil.
"I do not care! I'll finish your profile.

Después de haber trabajado con mis amigas en sus perfiles, sé exactamente lo que buscan las mujeres en los perfiles de los hombres.
After working with my friends on their profiles, I know exactly what women want to find in other men.

Te haré un perfil espectacular, hijo mío, ¡aunque no te lo merezcas!
I'll make you a spectacular profile my son, even though you do not deserve it!

Tendrás lo que te mereces por hacer todo esto, verás."
You'll get what you deserve for doing all this, you'll see.

Se va refunfuñando, pero con una sonrisa diabólica, como si estuviera pensando en un plan.
She walks off grumbling, but with a devilish smile as if she had a plan in mind.

Unos días después, Lucas decide comprobar si tenía algún mensaje de chicas que buscaban citas en love rendezvous.
A few days later, Lucas decides to go check if he had any messages from girls looking for dates on love rendezvous.

Introdujo su nombre de usuario y contraseña y comprobó su bandeja de entrada.
He entered his username and password and checked his inbox.

Estaba sorprendido de ver que habia recibido ya dos mensajes de la misma chica.
He was surprised to see that he already had two messages from the same girl.

Hola H1990284,
Hi H1990284,

No puedo creer que haya encontrado a alguien tan perfecto como tú en línea.
I cannot believe I found someone as perfect as you online.

Todas tus cualidades son exactamente lo que quiero de mi futura pareja, casi palabra por palabra.
All your qualities are exactly what I want, almost word for word, in a future partner.

Por favor, contáctame para quedar.
Please contact me so we can plan a date.

Gracias.
Thanks.

-F0083726
-F0083726

Hola:
Hi,

Disculpa que te mande otro mensaje en tan poco tiempo, no te quiero asustar, simplemente ¡no puedo esperar a hablar contigo en persona!
Sorry to send you another message in such a short time, I do not want to scare you, but I cannot wait to talk to you in person!

Lucas se siente contento e incómodo al mismo tiempo.
Lucas is happy and uncomfortable and the same time.

Contento porque piensa que ha encontrado a su verdadera Sarha perfecta, pero incómodo por haber encontrado una chica que quiere conocerlo por lo que su madre ha escrito.
Happy, because he thinks he has found his real, perfect Sarah, but uncomfortable to have found a girl who likes him for what his mother wrote for him.

Decidió echar un vistazo a su perfil antes de contestar.
He decided to look at her profile before answering.

Tiene veinticuatro años, vive a veinte minutos de su casa y se interesa por el teatro.
She is 24 years old, lives only 20 minutes from home, and is interested in the field of theatre.

De verdad que es la chica perfecta para él, le contesta:
She really is the perfect girl for him, he replies:

Buenas tardes:
Good evening,

Espero poder conocerte en los próximos días. También tengo muchas ganas de hablar contigo cara a cara.
I hope to meet you in the upcoming days. I also am looking forward to talk to you face to face.

¿Qué tal mañana?
How about tomorrow?

-L
-L

Recibió una respuesta al cabo de unos minutos:
He received a response after a few minutes :

Sí, quedemos en el Café 24 a las doce para comer.
Yes, meet me at Cafe 24 at noon for lunch.

A la mañana sigiuente, Bertha se ofrece para conducir a su hijo al café.
The next morning, Bertha offers to drive her son to the cafe.

Antes de dejarlo, le dice con orgullo:
Just before dropping him off she says proudly:

„Te lo había dicho, lo sabía: lo que les gusta a mis amigas es lo que les gusta a las chicas.
"I told you I knew that what my friends like is that what girls like.

¡Todo el mundo miente de todas formas en su perfil! !Edad, dirección, calidades!
"Everybody lies on their profiles anyway! Their age, address, qualities!"

Lucas le da las gracias y la deja para acercarse a la chica que sólo conocía por su nombre de usuario anónimo F0083726.
Lucas thanks her and leaves to join the girl he knew only by her anonymous username F0083726.

Entra en el café y se encuentra cara a cara con la mejor amiga de su madre, Sandrine.
He enters the cafe and comes face to face with his mother's best friend, Sandrine.

Detrás de él escucha la voz de su madre:
Behind him, he hears the voice of his mother:

„Ves, le vida siempre nos dan lo que nos merecemos por nuestras acciones. ¡Diviértete!"

"You see, we always get what we deserve for our actions! Have fun!"

Se ríe y se va (del café).

She laughs and leaves (the coffee house).

Un cómico en el supermercado
Grocery-store comedian

Una madre entró en el supermercado de alimentación con su pequeña hija de siete años.
A mother walked in the grocery store with her little 7 year old girl.

Estaba vestida de rosa y llevaba un pequeño collar de oro en su cuello.
She was dressed in pink and wore a small gold necklace around her neck.

Era muy guapa y adelantada para ser una niña de su edad.
She was very pretty and mature for a girl her age.

Pero su madre era muy joven y obviamente estaba cansada.
However, her mother was very young and visibly tired.

Maxime, un hombre joven de veintitrés años, se sentía obligado desde el primer instante de ayudar a la madre joven que, como parecía, tenía problemas para tranquilizar a su hija.
At his first sight of them, Maxim, a young 23 year old man, felt compelled to try to help the young mother who seemed to have a hard time calming her daughter.

Eres capaz, Adrienne. Estaremos sólo unos poco minutos en la tienda, y ¡ya está!
"You can do it Adrienne; we'll just be in the store for a few minutes, that's all!

Serás capaz de estar rodeada de todas estas personas extrañas sin entrar en pánico" dice la madre.
You're ok with being surrounded by all these strangers without panicking" said the mother.

Maxime se acercó y dijo:
Maxim approached her and said:

"Perdone, pero pienso que necesita ayuda para tranquilizar a su hija. Lo está haciendo muy bien, sin embargo ¡me gustaría ayudar a una mujer joven y bella como Usted!"
"Excuse me, but I think you need help to calm your girl, you are doing a very good job, but I would still like to help a pretty young woman like you!"

La madre da unos pasos hacia atrás, dudando.
The mother took a few steps back, she hesitates.

"No creo que sea necesario", dijo y retrocedió unos pasos más "Mire, no es realmente..."
"I do not think it will be necessary," she took a few more steps away from him and continued "you know really it isn't..."

Maxim la interrumpió:
Maxim cut her off:

„Señora, me daría gusto echarle una mano!
"Madam, I'm glad to provide my help!

Para compensarme sólo le pido que me deje contarle a su hija algunos de mis chistes.
In return, I only ask for you to let me tell your daughter some of my jokes.

Estoy practicando para ser cómico algún día."
I'm trying to practice to one day be a comedian»

Sin decir ni una palabra más, la madre entra en la tienda y Maxim les sigue.
Without saying another word the mother continues and Maxim follows them.

Empezó con unos cuantos chistes:

He began a series of jokes:

„Nos encontramos ahora en la panaderia de la tienda. Mm...
¡Creo que tengo un buen chiste de un panadero!
Here we are in the store's bakery. Hmm, I think that I have a
good joke about a baker.

¡Exacto! Mi amigo se fue a una panadería de París. Su mujer
le había pedido una coca de hojaldre para su cumpleaños.
Exactly. My friend went into a french bakery, his wife asked
him to get a napolitain cake for their anniversary.

Se va al mostrador de pedidos especiales y encontró una
"coca de hojaldre de mil capas" por 10 euros.
He got the counter of special orders and found a thousand
layer cake for 10 euros.

Le preguntó al panadero: Señor, ¿me podria dar una coca de
hojaldre de quinientas capas?
He asked the baker: Mister? Can I have a five hundred layer
cake?

Es que ¡sólo tengo cinco euros!"
I only have 5 euros!

Su chiste tuvo un silencio como respuesta.
His joke received nothing but silence in return.

Esperó unos minutos antes de intentarlo de nuevo.
He waited a few minutes before trying again.

Los tres pasaron por unos pasillos. La madre miró su carro y
se dio cuenta que le faltaban los tomates que necesitaba para
hacer espaguetis para cenar.
The three went down a few aisles; the mother looked into her
shopping trolly and realised she was missing the tomatoes
she needed to make her spaghetti for supper.

Fue a la entrada de la tienda a la verdulería.

She returned in front of the grocery store in the produce section.

Encuentra los tomates y empieza a meterlos en una bolsa.
She finds tomatoes and started to put them in a bag.

Maxim está en el siguiente pasillo, coge la botella de un producto y la esconde detrás de su espalda. Se dirige hacia las chicas:
Maxim, one aisle further, takes a bottle of a product, hides it behind his back, and returns to the two girls:

„Bueno, mis otros chistes no han sido muy graciosos, lo reconozco. Intentémoslo con otro!"
"Well, my other jokes weren't very funny, I must admit. Let's give this angle a try!"

La madre no le dijo nada y seguía diciendo:
The mother said nothing to him but continued to say:

"Puedes hacerlo, Adrienne. ¡No tengas miedo a los extraños que te rodean!:
"You can do it Adrienne. Do not fear the strangers around you!

Casi hemos acabado y nos iremos a casa enseguida"
We're almost done here and we will leave for home soon"

Maxime continúa con sus chistes:
Maxim continues with his series of joke:

„Ahora que lo pienso, ¡se me ha ocurrido un chiste que te gustará de verdad!"
"In fact, now that I think of it, I found a joke that you would like!"

Le da un tomate a la niña y dice: "Un día cruzaron dos tomates la calle, una estaba muy por delante de la otra.

He passes a tomato to the girl and says: "one day; two tomatoes crossed the street; one was far ahead of the other.

Al cabo de unos minutos un coche atropelló uno de los tomates.
After a few minutes, one tomato was crushed by a car.

El primero se dio la vuelta y le dijo, ¿Te vienes? ¡Ketchup!"
The first returned to see him and said: are you coming? Ketchup!"

Le da la botella de ketchup que tenía escondida.
He passes her the hidden bottle of Ketchup.

La chica se rió, pero la madre seguía diciendo:
The girl laughed, but the mother still continued to say:

„Casi hemos terminado, Adrienne, estarás bien, casi conseguido. No hay que preocuparse."
"Almost finished Adrienne, you'll be ok, almost done. No need to worry."

Maxim está un poco confundido.
Maxim is a bit confused:

„Pero mire, ¡le ha parecido gracioso mi chiste! ¿A Usted no?"
"But look! She thinks it was a funny joke! Don't you?"

Maxim mira a la madre, más confundido aún.
Maxim looks at the mother, still confused.

„Ve - Ketchup está hecho de tomates chafados. Y la palabra Ketchup suena en inglés como "catch up", ¡alcanzar a alguien!
"You see, ketchup is made of crushed tomatoes. And the word Ketchup sort of sounds like the word catch up.

Es gracioso, ¿no?"
It's funny, no?!"

Maxim se pone un poco triste y estruja su cerebro en busca de otros chistes que podían hacer referencia a cosas que podía encontrar en la tienda de alimentación.
A little sad, Maxim picks his brain searching for other jokes referring to things he could find in the grocery store.

La chica sonríe y pregunta de manera perspicaz a su madre:
The little girl, quick-witted, asks her mother, smiling:

„Mamá, ¿puedo tener un postre rico esta noche? ¿Podemos hacer una coca?"
"Mom, can I have some yummy dessert tonight? Can we make a cake?"

Su madre se dirigió al pasillo de reposteria, té y café.
Her mother went into the aisle of baking ingredients, teas and coffees.

Maxim coge una bolsa de azúcar de un lado del pasillo y una taza de café del otro lado, escondiéndolos detrás de su espalda.
Maxim takes a bag of sugar on one side of the aisle and a coffeecup from the other side, also hiding it behind his back.

Dice:
He says:

„Un grano de azúcar y una cucharita estaban juntos en la tienda.
A grain of sugar and a spoon were together in the store.

A la cucharita le gustaría tener una cita con el dulce trozo de azúcar.
The spoon would really like to go on a date with the piece of sweet sugar..

"¿Dónde podremos vernos la próxima vez?"
"Where can we meet each other again?"

Preguntó la cucharita, y le contestó el azúcar de manera burlona: "¡En un café!"

Asked the spoon, the sugar replied mockingly: "In a café!"

Y tal como había hecho anteriormente con la broma del ketchup, saca la taza de café que tenía escondida detrás de su espalda.

And just as he had delivered his punch line with Ketchup, he pulls a coffeecup out that was hidden behind his back.

Ahí vamos, ¡me estoy calentando! Vamos a por otro"

"There we go, I'm finally warming up! Now another one"

Se toma su tiempo para meditar sobre su próximo chiste.

He takes his time to think of the next joke.

„¡Una broma sobre una madre y su hija va a romper el hielo!"

"A joke of mother and daughter will do the trick!"

Mira a su alrededor para encontrar algo relacionado y dice:

He looks around him to find something to relate it to and says:

„Una niña le pide un euro a su mamá para dárselo a la señora mayor que está dando vueltas por el parque.

"A girl asks her mother if she can have a euro to give the old lady who walks around in the park.

Su madre está contenta de que su hija muestre altruismo y amabilidad, le da dos euros y le pregunta:

Glad that her girl demonstrates altruism and kindness, she hands her two euros and asks:

"¿Es una sintecho o una vagabunda o ...?"

"Is she a homeless person or a vagabond or…?"

La hija enrojece y dice: ¡No! ¡Es la mujer que vende helados!"

The blushing girl said: Oh no! This is for the woman that sells ice cream!"

Terminó su frase justamente cuando la madre saca un paquete de helado del congelador, Maxim era un profesional.
He finished his sentence exactly at the same time as the mother takes out a package of ice cream freezer, Maxim was a real pro.

La pequeña se ríe de nuevo, pero su madre sigue con su tontería:
The young girl begins to laugh again, but the mother continues with her antics:

„Casi terminado, ¡hemos llegado a la caja! Todo está en orden, Adrienne."
"Almost finished, we are getting to the checkout! Adrienne everything is ok"

Maxim sigue con su juego:
Maxim continues with his game:

"¡Nos queda el tiempo justo para hacer una última broma para la pequeña!
"We have just enough time for one last joke for the little one!

Una pequeña niña como tú le pregunta a su abuela si tenía buenos dientes.
A girl just like you asked grandmother if she had good teeth.

Su abuela contestó que tenía los dientes horribles y la niña contestó:
Her grandmother answered saying she had horrible teeth and so the girl replied:

„Perfecto, ¿puedes vigilar mis caramelos mientras yo esté fuera ?"
Okay, can you watch my caramels while I'm gone?"

Y con un gesto fluido saca una bolsa de caramelos del mostrador frente al cajero.

And in one fluid gesture, he withdrew a bag of caramels from the display in front of the cashier.

La niña está encantada.
The little girl is delighted.

„Ve, dice Maxim, su pequeña Adrienne no tiene miedo, se ríe y ¡le gusta hablar con extraños estando con usted !"
"You see, said Maxim, your little Adrienne was not afraid, she loves to laugh and talk with strangers in your presence!"

La madre, un poco avergonzada, contesta:
The mother replied a little embarrassed:

„Mi hija se llama Juli, mi nombre es Adrienne."
"My daughter's name is Julie, my name is Adrienne."

Una aventura en La Tomatina

Me llamo Sean y tengo 21 años. Soy de Nueva York, pero vivo en Barcelona, España, desde hace seis meses. Estoy estudiando Literatura Castellana y tengo mucha suerte de poder disfrutar de esta experiencia en España. Pero a veces... me pasan cosas locas y divertidas como la que hoy os voy a explicar.

Llegué a España en marzo y me puse a vivir con unos chicos y chicas muy simpáticos, compartiendo con ellos un piso precioso en el centro de la ciudad. Es un placer poder vivir en el centro de una ciudad tan bonita. Todo está muy cerca, incluso la universidad. En esta casa vivimos cuatro compañeros de piso.

Sara es de Sevilla y tiene veintiséis años, estudia arquitectura. José es de Barcelona, tiene veinte años, estudia ingeniería y es un apasionado del fútbol. Por último está Andrea, una chica del sur de Francia. Sus padres son españoles, estudia publicidad y también es bailarina de flamenco. ¿No os parece que son increíbles? Nos llevamos todos muy bien y vivir con ellos es muy sencillo.

¿Conocéis Barcelona? Es una de las ciudades más grandes de España, y se encuentra en la zona noreste del país. Es una ciudad que vive pegada al mar, por lo tanto tiene lo mejor de una gran ciudad (discotecas, grandes universidades, tiendas para ir de compras, restaurantes, museos...), pero también lo mejor de estar cerca de la playa en España (buen tiempo, el mar, cientos de playas preciosas...). Además, Barcelona está rodeada de montañas por todas partes y está muy cerca de los Pirineos, las montañas más altas de España donde puedes esquiar durante todo el invierno y parte de la primavera. Es un lugar para quedarse, ¿no os parece?

La primavera pasó rápidamente en Barcelona. Yo estaba muy ocupado estudiando y por las tardes jugaba al fútbol con José y su equipo. En España, el curso termina en el mes de junio. ¡Había aprobado todas mis asignaturas con muy buenas notas! Ahora, tenía todo el verano por delante, lleno de planes, al lado de la playa y con muchos amigos para pasármelo bien.

Además, en España en verano en todos los pueblos hay fiestas tradicionales y populares de las que siempre había oído hablar, aunque muchas eran muy raras y no las entendía muy bien… Mi amigo José me llamó un día de julio y me invitó a ir a una fiesta en un pueblo de Valencia que se iba a celebrar en agosto. Dijo que era seguramente la mejor fiesta en la que habría estado en mi vida, y que no podía faltar. Yo le pregunté: ¿por qué esa fiesta es tan espectacular? Y él… ¡no me dijo nada! Dijo que quería que fuera una sorpresa para mí, que sólo me iba a decir el nombre de la fiesta. La fiesta se llamaba… La tomatina.

Por supuesto que que había muchas páginas de internet y sitios donde yo habría podido buscar información sobre la misteriosa " tomatina", pero mi amigo me hizo prometerle que no buscaría nada. José compró dos billetes de autobús y los trajo a casa. Así fue como me enteré de que el pueblo al que íbamos a ir de fiesta se llamaba "Buñol". ¡Por fin sabía algo más sobre la misteriosa fiesta de verano a la que iba a ir! Buñol era, sin embargo, un pueblo muy pequeño en medio de la provincia de Valencia. ¿Qué tipo de "gran" fiesta se podría hacer en un lugar tan pequeño? Seguía el misterio.

Una semana antes de la fiesta, Sara, mi compañera de piso, me había explicado lo que significaba "tomatina". "Tomatina" era algo así como tomate pequeño. ¿Qué era entonces la fiesta? Una fiesta de un pueblo buscando el tomate más pequeño del mundo? ¡Qué lío! Como os podéis imaginar en aquel momento yo estaba deseando ir de fiesta, pero al mismo tiempo pensaba… ¿a dónde diablos estoy yendo?

El día de "La Tomatina" nos levantamos muy pronto…¡a las 3 de la mañana! Desayunamos muy rápido y nos fuimos corriendo a la estación de autobuses. Allí, había un montón de jóvenes estudiantes como nosotros, cientos y cientos, esperando autobuses para Buñol. Nos sentamos a esperar nuestro autobús y pude hablar con una chica de Francia.

Se llamaba Anne y me dijo que la Tomatina era la mejor fiesta a la que había ido en su vida. Y que este ¡era el tercer año seguido que viajaba a Buñol para estar allí el día de La Tomatina! Estuve hablando con Anne durante mucho rato. Ella no hablaba español y su inglés era muy raro –tenía un gracioso acento francés cuando hablaba en inglés - pero era muy simpática. Y también era guapísima, rubia, con la piel muy blanca y los ojos verdes. Sin embargo, tuvimos que dejar de hablar, porque su autobús era el número quince y el mío era el número ocho. ¡Qué lastima! ¿Verdad?

El autobús ya fue una gran fiesta. Estaba lleno a tope de gente joven con ganas de marcha. Todo el mundo iba cantando canciones (en español, yo no me enteraba de mucho, eran muy difíciles) y bebiendo sangría para evitar el calor que hacía ese día. Pero el viaje… ¡fue larguísimo! ¡Más de cinco horas para intentar llegar a la famosa Tomatina!

Por fin, llegamos a Buñol. ¡Allí había miles de personas! Todo el mundo estaba muy feliz, y muchos llevaban gafas para bucear, bañadores, pantalones cortos, sandalias, gorros impermeables… ¿Para qué eran todas esas cosas? Poco a poco, fuimos andando hasta llegar al centro del pueblo, donde ya casi no cabía nadie más. De repente, empezó a sonar una música, y la gente bailaba por todas partes. ¿Esto era la Tomatina? Pues no me parecía tan espectacular…

Me di cuenta de que la música procedía de unos enormes camiones. En los enormes camiones había gente, que tiraba algo a los que estaban en la calle. ¿Qué era? Era algo rojo y redondo… parecía… ¡eran tomates! En ese momento empecé a reirme un montón. Mi amigo José me dijo ¿qué te parece?

¡Yo no podía estar más feliz! Aquello era una locura, imagínatelo: miles de personas riendo, saltando, bailando y ¡tirándose tomates los unos a los otros! Poco a poco, todo se volvió rojo y todo el mundo se divertía un montón.

La Tomatina empezó pronto y ¡duró toda la mañana! Al terminar, yo estaba lleno de tomate de arriba a abajo, estaba rojo como si yo mismo fuera un tomate. Aunque no os lo creáis, es totalmente cierto. Sabéis qué es lo mejor de todo? Que al terminar todo, la gente sigue en las calles, la música no para y la fiesta sigue. Por eso, nos quedamos allí todo el día, comimos un plato típico de Valencia, paella, y bebimos una bebida típica, sangría.

Justo después de comer decidimos ir a dar una vuelta por el pueblo. Cuando llegamos a la plaza mayor llegó la última sorpresa del día… ¡Anne estaba allí! Nos acercamos y nos presentó a sus amigas. Entonces el baile de la fiesta empezó, y todos bailamos juntos y seguimos hablando. Nos divertimos mucho, y creo que aquel fue el comienzo de una gran amistad… Ahora Anne y yo vamos juntos a todas las fiestas y creo que muy pronto le pediré que salgamos juntos al cine algún día…Si todo va bien, la Tomatina será a partir de ahora algo más que una gran fiesta - será también un lugar para encontrar el amor. ¿Quién sabe?

La Aventura de Comer en España

¿Habéis estado alguna vez en España? Es un país maravilloso. Mi nombre es Sarah Jones y tengo treinta y tres años. Vivo en Londres desde hace dos años, pero tuve la suerte de estudiar durante un par de años en España. Trabajo para un gran banco del Reino Unido y estudié Economía en la Universidad. Estoy casada, pero aún no tengo hijos. Mi marido se llama Marcos Sánchez, y le conocí, como os imaginaréis por su nombre, en España.

Yo tenía veinte años y todo el verano por delante antes de que empezara mi primer curso de estudios de Economía en España. Así que decidí irme con mi mejor amiga, Anne, a disfrutar de nuestro último verano juntas en mi nuevo país. Anne iba a irse a estudiar a Australia ese año, así que íbamos a estar cada una en otro lado del mundo. Anne estudiaba medicina, ahora es una médico excelente que trabaja en Estados Unidos.

Durante el verano en España, en casi todas partes hace mucho calor, así que se puede disfrutar de ir a la playa, a la piscina, salir por la noche, bailar en las discotecas… En pocas palabras: era un destino ideal para un viaje ideal de dos mejores amigas. Además, los hoteles, hostales y apartamentos eran muy baratos en España, y habíamos trabajado durante el curso para ahorrar para pasar las vacaciones juntas.

Planeamos tres meses recorriendo España, sus costas, sus montañas, las ciudades más grandes, los pueblos más pequeños, fiestas… ¡no queríamos perdernos nada! En cuanto llegamos, empezamos a explorar, a divertirnos y a disfrutar. Aterrizamos en Madrid, la capital de España, donde nos alojamos en un pequeño hostal en el centro, justo al lado del Museo del Prado. Si te gusta el arte y vas a España ¡no puedes perderte el Museo del Prado!

Con todos sus cuadros de Velázquez, El Greco… es impresionante. Después de nuestro primer paseo por un museo tan grande y por las calles del centro de Madrid, estábamos realmente hambrientas. Era hora de probar, por primera vez, le que siempre nos habían dicho que era delicioso, la comida de España. ¿Por dónde empezar? ¿Qué serían las tapas en realidad? ¿Y la paella?

Eran todas comidas rarísimas para nosotras, no sabíamos qué significaba nada, pero los menús parecían muy sabrosos, y las fotos de la comida realmente excitantes. Entramos en un restaurante que estaba muy animado. Había muchos chicos y chicas jóvenes bebiendo y comiendo "tapas", nos gustó mucho ese ambiente tan relajado. Había gente española, pero también turistas de todas partes del mundo. Anne y yo nos sentamos y decidimos pedir, para empezar, un par de jarras de "sangría", una bebida que nos habían recomendado probar. Teníamos mucha sed porque hacía mucho calor. La sangría es una bebida deliciosa, se hace con vino, limón, frutas frescas, canela…En cada casa y en cada bar, los ingredientes y proporciones cambian.

Creo que en aquel verano debimos de probar unas trescientas formas diferentes de hacer sangría… ¡y todas estaban muy buenas! Así que os recomiendo que, si vais a España, la probéis. Eso sí, la sangría tiene alcohol, así que sed cuidadosos con ella. Lo bueno es que hay muchos sitios en los que también la hay sin alcohol, ¡y está incluso más buena!

Y entonces, llegaron nuestras primeras tapas. Primero, llegó una cosa llamada croquetas. No sé muy bien cómo explicaros lo que son. Es una comida caliente, frita, y rellena de una deliciosa crema con jamón, queso, carne… ¡también hay mil opciones! Después, llegaron las aceitunas. Las aceitunas es de donde sale el aceite de oliva, pero en España se comen también crudas, con el propio aceite, vinagre, ajo, especias…

también, como después pudimos comprobar, había miles de tipos y formas de hacerlas.

Nuestras primeras tapas nos gustaron mucho. Pero nuestro viaje siguió avanzando y seguimos probando platos de la cocina española. Uno de los que más nos sorprendió fue la famosísima paella. ¿Sabéis lo que es la paella? Llegamos a Valencia, donde nos alojamos en un camping al lado de la playa. Habíamos alquilado un coche para nuestras vacaciones en la playa, y llegamos después de un par de horas de viaje, con mucha hambre, a la playa.

Allí había un "chiringuito", que es un bar justo en la arena, muy popular en España. Y la especialidad del chiringuito era la paella. Así que Anne y yo no esperamos más y nos pedimos una paella para dos. La paella es un plato de arroz de color amarillo que está guisado y se come caliente. El arroz está muy bueno y suele venir acompañado con todo tipo de cosas. Por ejemplo, verduras o pollo, pero también mariscos. Algunos yo no los había comido nunca, como cangrejo. Puede que te guste o no la paella, pero desde luego si vas a España deberías probarla.

Como fuimos viendo poco a poco, a veces comer en España era una aventura. Por ejemplo, un día en el norte de España pedimos una tapa de una cosa llamada "callos"… no sé cómo explicaros lo que es, es un tipo de carne de cerdo que a mí no me gustó nada, porque era un poco… viscosa. Otro día, en la ciudad de Burgos, que tiene una maravillosa catedral, comimos morcilla, que es una especie de salchicha especiada y negra, que se hace con la sangre del cerdo. Como veis, en España se comen cosas de lo más variados… ¡y muy raras para alguien de afuera!

Algo del cerdo que sí que nos encantó fue el jamón serrano. En España se come mucha carne de cerdo, pero esta en especial os la recomiendo, porque ¡está riquísima! Lo más divertido que nos pasó fue en un pueblo donde nos pusieron una tapa de… ¡caracoles! Sí, sí, caracoles… ¡no teníamos ni idea de cómo comerlos! Anne, que es bastante más valiente que yo lo intentó… pero no dio muy buen resultado. Aquello era demasiado para nuestras rutinas alimentarias, así que no nos comimos los caracoles.

España es un país lleno de comidas deliciosas, extravagantes… pero sobre todo, muy divertidas si las descubrís con vuestros amigos o vuestra familia en vuestras próximas vacaciones. Seguro que después de probar estos y otros platos ¡tendréis mil historias que contar a la vuelta!

Las curiosas tiendas de España

Me llamo Martha y tengo cuarenta y dos años. Mi marido
Stephen y yo vivimos en un pequeño pueblo del medio oeste
de Estados Unidos. Llevamos veinte años casados y tenemos
dos hijos. Nuestra hija, Sarah, tiene catorce años y nuestro
hijo, John, tiene nueve años. Nuestra familia ha sido
bendecida con amor, felicidad y muy buenos momentos,
especialmente en nuestros viajes.

Los niños van a la escuela todavía, y yo trabajo media jornada
en una oficina de abogados. Mi marido tiene su propio
negocio de compraventa de coches, y tiene varias tiendas en
varios condados. Desde que Sarah y John eran muy
pequeños, Stephen y yo les hemos acostumbrado a viajar.
¡Los viajes siempre han sido nuestra pasión! Antes de tener
hijos, viajamos a Vietnam, Sudáfrica, China... Los países más
exóticos eran nuestros favoritos.

Pero cuando tuvimos hijos, viajar se volvió un poco más
complicado, y empezamos a optar por destinos más
cercanos: Canadá, México... y, por supuesto, Europa. Es muy
difícil decidir qué país visitar en Europa: ¡todos tienen un
montón de lugares atractivos! Hemos viajado a Francia y al
Reino Unido en un par de ocasiones, pero Stephen estaba
deseando viajar a España y recorrer este país, que para los
americanos es un poco mítico, misterioso y con muchas
costumbres extrañas, como el flamenco o los toros.

Así que hace dos años nos decidimos y planeamos un gran
viaje familiar a España, con los niños, por supuesto, que nos
dieron muchas ideas sobre qué les gustaría visitar allí.
Estuvimos casi seis meses planificando el viaje, comprando
los billetes de avión, de tren, entradas para los monumentos
de las diferentes ciudades... ¡Queríamos tener todo muy bien
planeado y que nada saliera mal! A principios del mes de

agosto volamos rumbo a Madrid, y después de más de doce horas de unos y otros vuelos, ¡por fin estábamos en España!

Teníamos por delante un mes entero para descubrir aquel país fascinante con milenios de historia. Lo primero de lo que nos dimos cuenta fue que habíamos preparado todo muy bien, pero sin pensar en que haría tanto calor en Madrid aquellos días. Por eso, lo primero que hicimos fue ir a comprar un protector solar. Y ahí fue donde empezó nuestra aventura con las compras en España.

España y Estados Unidos son muy diferentes en cuanto a las compras. En nuestro país, puedes ir a una farmacia y comprar de todo, desde medicinas hasta champú. Pero en España no es así. Y en las farmacias, por lo general...¡sólo venden medicinas! Asique estuvimos casi una mañana entrando en una, dos, tres, infinitas farmacias hasta que nos dimos cuenta, y finalmente una chica nos explicó que teníamos que ir a una "droguería" a comprar aquello.

Después, con el diccionario, vimos que "droguería" significaba "drug store". Al final conseguimos encontrar una y nuestro protector solar. Tras unos días en Madrid, donde visitamos el maravilloso Museo del Prado, porque a mí me encanta el arte, pero también el Estadio Santiago Bernabéu (porque mi hijo es un fanático del fútbol), nos fuimos a Barcelona. Es la segunda ciudad más grande de España y está en el mediterráneo ¡es una ciudad preciosa!

Una de las cosas que más nos gustó fue una especie de bar muy especial que sólo existe en España (o al menos eso creo): el chiringuito. ¿Qué es el chiringuito? Pues es un bar que está justo en la playa, sobre la arena, donde puedes tomarte desde un café a un cóctel por la tarde, pasando por una maravillosa paella o una cerveza. ¿No os parece genial este tipo de sitios todo en uno?

En Barcelona hicimos muchas excursiones a la playa y la montaña de Montserrat, muy cercana a la ciudad, y para las excursiones, mi hija tuvo la gran idea de hacer unos sándwiches… Por supuesto, en Barcelona hay supermercados como en toda España, pero nos encantó descubrir las tiendas específicas para los diferentes alimentos. Por ejemplo, si quieres comprar carne en tu viaje a España, busca una "carnicería", es decir, una tienda de carne. Además, hay "charcuterías" que es el lugar donde venden los embutidos. La fruta, pero también la verdura, la encontrarás en la "frutería", o sea, la tienda de fruta. Y así, hay "lechería" para la leche, "panaderías" para el pan, "queserías" para el queso, "pescaderías" para el pescado … Por supuesto, también en Estados Unidos hay este tipo de tiendas. La diferencia con España son estos divertidos nombres y que estas tiendas suelen estar agrupadas en el "mercado" o en las zonas de alrededor. Es muy divertido ir al mercado por la mañana, cuando van todas las amas de casa españolas, y disfrutar con sus consejos o recomendaciones… ¡son muy simpáticas!

Después de Barcelona decidimos ir a visitar la zona norte de España. Pasamos un par de días en Santiago de Compostela, el lugar donde termina el Camino de Santiago. Una ciudad muy espiritual. Algo muy curioso en España es que hay muchos tipos de iglesias con todo tipo de nombres: catedral, basílica, ermita… Esto es por la larga historia y tradición cristiana que ha tenido este país. Y desde ahí, partimos hacia un pueblo de Asturias muy cercano. Todo era verde, muy vivo, lleno de bosques y vacas, que producen de la mejor leche de toda Europa. En Asturias conocimos otro establecimiento muy curioso, la sidrería. La sidrería es un bar en el que prácticamente sólo se bebe sidra, una bebida alcohólica que se hace a partir de las… ¡manzanas! Es dulce y muy fresca, pero hay que tomarla con precaución ya que lleva alcohol. En las sidrerías hay algunas tapas y algo de comer, pero muy poca variedad, allí lo principal es la sidra.

Desde Oviedo, la capital de Asturias, partimos en avión hacia el sur del país, porque no queríamos perdernos dos joyas históricas y culturales de España: Sevilla y Granada. En estas dos ciudades andaluzas no sólo descubrimos los más impresionantes edificios y lugares, sino algunas tiendas y establecimientos de lo más curioso. Por ejemplo, en Sevilla, había unas cuantas decenas de tiendas sólo de ropa de flamenco - vestidos, zapatos, peinetas, mantones, sombreros para los hombres, chaquetas…

En definitiva, todo lo que vemos en los bailarines y bailarinas de flamenco, pero también es una ropa que se utiliza en las ferias, una gran fiesta anual que se celebra en muchas ciudades andaluzas. Nuestra experiencia en España descubriendo rincones maravillosos fue genial, pero descubrir estos lugares donde vendían sólo un tipo de productos o cosas, y sus nombres, ¡fue muy divertido! Aprendimos mucho español durante nuestro mes en España gracias a estos descubrimientos, y espero que vosotros también lo hayáis aprendido con nuestra historia.

La aventura de ir al cine por el mundo

¿Alguna vez has ido al cine lejos de tu casa? ¡No, en otra ciudad no es suficientemente lejos! Me refiero a ir al cine muy, muy, muy lejos de tu casa: a miles de kilómetros de distancia. Ir al cine en otro país es toda una experiencia. En especial, para amantes del celuloide, como yo mismo…

¡Uy! ¡Perdona! Que no me he presentado: Mi nombre es Antonio y tengo treinta años, Soy crítico de cine profesional, y escribo para periódicos, revistas, y de vez en cuando, para algún blog. El cine es mi pasión. Desde que tengo quince años, cuando vi un auténtico peliculón: "Star Wars, Episodio IV". Vi esta película con uno de mis primos, más mayor que yo, y desde entonces, me enamoré del "séptimo arte".

Aunque soy español, hace muchos años que no vivo en España. Mi mujer, Marisa, trabaja para una ONG llamada "Médicos Sin Fronteras". Ella es médico. Gracias a su trabajo, hemos viajado por todo el mundo. A veces, nos encanta el país en el que nos toca vivir durante unos meses o años. Otras veces, son países un poco peligrosos y apenas podemos salir de casa. Marisa ama su trabajo, y yo amo el mío.

Hoy en día, gracias a Internet, yo puedo ver películas esté donde esté, en cualquier lugar. Así, los dos podemos vivir y disfrutar de nuestras pasiones. Una de las ventajas de haber vivido en tantos países, en casi todos los continentes (América del Sur, África, Oceanía, Asia…) es poder ver películas un poco… digamos… "raras" que no habría podido ver en España. No te puedes imaginar la cantidad de películas que se hacen, cada año, y no llegan a nuestras pantallas. ¡Hay miles de ellas! Lo mejor de haber vivido en lugares exóticos es haberlas podido ver. Bueno, y además de verlas, haberlas disfrutado en su contexto. Hay lugares en los que ir al cine es una verdadera y total aventura. ¿No os lo creéis? Pues tengo unas cuantas anécdotas e historias para demostrarlo.

Hace unos ocho años Marisa y yo nos fuimos a nuestro primer destino: La India. Allí, llegamos a un pequeño pueblo en la ladera de una montaña donde la ONG empezaba a trabajar. La misión de Marisa era ayudar a las mujeres del pueblo a mantener una mejor salud e higiene femenina y en el hogar. Mi misión, al principio, arreglar la pequeña y húmeda casa que nos habían dado para vivir. Recuerdo que a las dos semanas comencé a recibir películas del festival de Cannes para ver y escribir críticas. Algunas películas de amor, un par de acción, y algún documental muy interesante. Pronto todo el pueblo sabía que yo era el experto en cine.

Y un día, el alcalde del lugar me invitó al "cine" del pueblo. El cine del pueblo se montaba cada mes en un pequeño establo, cuando el tiempo lo permitía. Casi siempre repetían las películas durante dos o tres meses seguidos, pero tuve suerte y para mi primera vez, tocó un auténtico estreno de Bollywood. Aquella noche todo el pueblo estaba allí, deseando ver al "extranjero" que "amaba Bollywood". ¡Qué vergüenza! Aquella gente ni sospechaba que yo no iba a entender "ni papa" de aquella película…

Cuando se hizo de noche, comenzó la película. Al principio, me sorprendió mucho porque… ¡todo el mundo seguía hablando sin parar! La gente comentaba cada detalle de la película: si los personajes les gustaban, aplaudían, si no les gustaban, les abucheaban. Muy pronto vi que aquella película era un drama con amor, humor y mucha música. En occidente habría sido un musical del más puro estilo de "Los Miserables". En La India, era una fiesta no sólo en la pantalla, sino también para aquel pueblo. De repente, giré la cabeza a la derecha y ¡me caí de la silla del susto! A treinta centímetros de mí tenía una vaca, tumbada, que también estaba viendo la película. Aquello era una locura, pero en La India, la vaca es un animal sagrado, y respetan todas sus decisiones y gustos, incluso el de ir al cine.

Un par de años después, Marisa recibió un nuevo destino. Esta vez, viviríamos en Mozambique, en África. Una de sus compañeras había enfermado y tendría que sustituirla por tan sólo unos meses. Aquel lugar era aún más pobre que el pueblo de la India. Sin embargo, la gente era muy feliz, amable, trabajadora y acogedora. El cine allí era un auténtico lujo, y la conexión a Internet, también, asi que durante esos meses me dediqué a leer libros sobre cine. Aprendí muchas cosas nuevas.

A los tres meses de estar allí, llegó al pueblo una especie de circo ambulante para celebrar una de las fiestas de la comunidad. ¿Lo adivinas? ¡Tenían un cine! Bueno, más bien, un proyector y una pantalla (que habían visto años mejores...) Sin embargo, al llegar la noche, ¡todo funcionaba perfectamente! Esta vez, la película era un viejo título de acción de Hollywood, que en el resto del mundo, había sido un estreno unos dos o tres años antes. En esta ocasión, las estrellas eran nuestras compañeras, ya que el cine era totalmente al aire libre, a las afueras del pueblo. Las estrellas, y mucho más, porque había todo tipo de ruidos de animales, insectos... la naturaleza, en general, acompañaba la proyección Justo en mitad de la película, en la oscuridad, empezamos a ver algunos movimientos. Al mismo tiempo, se oía un ruido como de fuertes tambores... ¿tambores? ¡En absoluto! Un enorme elefante, gigantesco y salvaje, apareció por allí para darnos las buenas noches... ¡y de nuevo un buen susto! En este caso, no fui yo el único en asustarste: todo el público salió corriendo de camino a sus casas. Poco después me enteré de que los elefantes tienen épocas de gran actividad nocturna, viajando para encontrar comida y agua. Yo desde entonces, no he vuelto a ir a un cine tan "salvaje".

Como véis, ir al cine por el mundo puede ser toda una aventura en sí misma. En otros lugares, como algunas zonas de China, en lugar de palomitas los films se acompañan con insectos fritos para picotear. En España, la gran mayoría de

102

las películas incluyen doblaje, por lo que pocas veces se escuchan las voces originales de los actores. Estas y muchas otras anécdotas, puedes descrubrirlas si… ¡vas al cine en todo el mundo!

Estados Unidos... "sobre ruedas"

Me llamo Susana y tengo 28 años.

Vivo en una ciudad catalana, Girona. Está al norte de Barcelona, apenas a una hora de distancia en coche. Es una de las ciudades más bonitas, tranquilas y antiguas de Cataluña. Si algún día puedes visitarla, te recomiendo que no te pierdas la zona del centro: ¡parece que vivimos todavía en la edad media!

Me encanta viajar, pero como tengo mi propio negocio, no puedo viajar mucho. Es una pena, pero siempre tengo que estar muy atenta a mi empresa.

Bueno, en realidad, es una pequeña empresa familiar: un restaurante. El restaurante fue fundado por mis abuelos hace ya más de sesenta años, increíble, ¿verdad? El caso es que el año pasado tuve suerte, y pude cerrar el restaurante durante unos días después del verano.

¡Por fin podía tener mis merecidas vacaciones! Ahora, con tantos destinos tan interesantes y tan maravillosos... ¿adónde ir? Uno de mis sueños era conocer el "lejano oeste" americano. Cuando era pequeña, mis abuelos me cuidaban en el restaurante, y siempre me ponían películas de vaqueros en la televisión después de comer. Yo las veía y me divertía un montón mientras hacía los deberes, merendaba...

Asíi que decidí irme al oeste de Estados Unidos. Tenía muchos amigos que ya habían estado allí, y me daban envidia sus historias, pero también me vinieron muy bien sus consejos. Mi mejor amiga, Marta, también podía venir conmigo. Ella es profesora, y nuestras vacaciones coincidieron ese año ¡de milagro!

Gracias a Internet, hoy en día es muy fácil preparar un viaje al Oeste de Estados Unidos. Si hablas castellano, hay algunas páginas web que son muy útiles para preparar los viajes, pero mi favorita es losviajeros. ¿Por qué me gusta tanto? Porque es un foro donde auténticos viajeros, que han ido al destino que tu quieres, comparten sus experiencias, comentarios, opiniones, trucos, consejos… ¡es muy útil!

Durante una semana estuve preparando el viaje y reservando todo: hoteles, moteles y los vuelos, por supuesto. A mí no me gusta conducir y a mi amiga Marta tampoco, asique intenté reservar un par de trenes, autobuses y otras formas de transporte para viajar de un lado a otro… ¡esto sí que era difícil! Entonces en los foros leí que… ¡lo mejor para viajar en Estados Unidos es conducir! En ese momento, nuestro viaje peligraba.

Marta y yo éramos unas terribles conductoras. ¿Qué íbamos a hacer? Marta dijo que no había problema: estaba segura de que yendo juntas, incluso lo pasaríamos bien conduciendo. Pero, por si acaso, practicamos un poco los días antes de salir de viaje. ¡No queríamos que nada saliera mal!

Al llegar a Estados Unidos, lo primero que hicimos fue ir a por nuestro coche de alquiler. ¡Tenemos un coche para nosotras solas! Estábamos emocionadas, nerviosas y muy ilusionadas. Parecía que, en lugar de un vuelo de trece horas, hubiera durado solo dos horas. Teníamos por delante miles de kilómetros y queríamos empezar ¡cuánto antes!

Al llegar a la oficina de alquiler de coches casi nos desmayamos: ¡había una cola enorme de gente esperando y nos avisaron de que tardaríamos al menos una hora en tener nuestro coche! Aquello era muy aburrido. ¿Por qué había tanta gente alquilando un coche? En España, alquilar un coche al viajar no es algo muy habitual. Lo hacemos cuando viajamos a una isla, por ejemplo. Pero en el resto de los sitios, hay muchos trenes y autobuses que te llevan a dónde quieras.

Muy pronto descubrimos por qué esa gente necesitaba un coche, y es que ¡Estados Unidos es enorme! Y, para nuestra sorpresa, no había un sistema de transporte público con tanta frecuencia y variedad como en España. Así que, claro, necesitas un coche para moverte, o, al menos, es mucho mejor tenerlo: puedes viajar más rápido y más cómodo a donde quieras ir.

Por fin, llegamos al mostrador. Mi amiga Marta habla muy bien el inglés y nos entendimos a la perfección con la chica que nos atendió tras el mostrador. En unos minutos, teníamos las llaves de nuestro coche, habíamos reservado un coche pequeñito, para las dos era suficiente… ¡nada más lejos de la verdad! Nos encontramos un enorme todoterreno rojo. Pensamos que era un error, pero en realidad las que se equivocaron fuimos nosotras. La chica del mostrador nos había indicado que se habían agotado los coches pequeños y que tenían que darnos aquel coche gigante. Ya sabéis… cosas del idioma.

Casi tuvimos que "escalar" para poder entrar en aquel enorme coche. Una vez dentro, nos quedamos alucinadas por todas las cosas que tenía aquel coche: GPS incorporado, radio, radio satélite, cámara ¡para ver cómo aparcar!. En España, este coche habría sido un auténtico lujo, normalmente nuestros coches no suelen tener todos esos "extras". Marta arrancó y… ¡un momento! ¿Dónde está el embrague? ¿Y la palanca de marchas? ¡No podemos movernos!

Esa fue nuestra siguiente sorpresa… ¡en Estados Unidos casi todos los coches son automáticos! En España… ¡justo lo contrario! Sin embargo, creo que debo deciros que… es mucho más cómodo conducir un coche "estilo Estados Unidos". Yyo echo de menos que todo sea tan fácil…

Pasado ese primer momento de confusión, nos hicimos a la carretera. Habíamos aterrizado en Los Ángeles y nuestro primer destino era la playa, queríamos dormir en Santa

Bárbara. No pararon las sorpresas: ¡qué carreteras tan enormes!

Más de cuatro y cinco carriles es lo habitual en una autovía de Estados Unidos, mientras que en España nuestras carreteras sólo tienen un par de carriles, o tres a lo sumo. Después de estos primeros ratos divertidos, nos perdimos unas cuantas veces, y por fin llegamos a Santa Bárbara.

Allí pasamos unos cuantos días maravillosos, pero pronto tuvimos que irnos, porque queríamos pasar unas noches en Las Vegas. Al salir de allí, nos metimos sin saber muy bien por una carretera con menos tráfico. Algunos carteles ponían algo relacionado con unos dólares… ¿era una autovía de peaje? No teníamos ni idea.

En un momento dado, llegamos de nuevo a otro lugar con mucho tráfico. Unos meses después, nos llegó una multa a casa: ¡nos habíamos saltado un peaje sin darnos cuenta! Esto es porque en España, los peajes tienen barreras, y es prácticamente imposible saltárselos, pero allí, no había barreras y no nos enteramos de que teníamos que pagar.

Estas fueron sólo algunas de nuestras "pequeñas aventuras" en Estados Unidos, un país que al final, nos encantó recorrer sobre ruedas. La última que os cuento, os vais a partir de risa, seguro. La primera vez que fuimos a echar gasolina, casi no pudimos. Los surtidores eran tan complicados que no los entendíamos. Al final, una señora muy amable (¡de casi ochenta años!) tuvo que venir a ayudar a dos jovencitas como nosotras a "entender" toda aquella tecnología.

A pesar de todo esto, repetiremos viaje a Estados Unidos, y esperamos muy pronto volver a tener vacaciones para seguir descubriendo este precioso país sobre ruedas.

¿Por qué yo? El relato corto de George, el torpe.

Si piensas que eres una persona torpe y con mala suerte, puedes estar seguro de que no es nada en comparación a mi amigo George. George es un joven de diecisiete años que ha pasado por todas las situaciones embarazosas imaginables. Este pobre niño francés, habitante de la ciudad de París, se ha rotorompido ya siete huesos, incluidos el fémur y la clavícula. Le han puesto ya ochentainueve puntos y por eso tiene la peor fama de la ciudad. Lo llaman el pitufo torpe de París.

¿No me crees? Te describo un día de su vida: George se levanta todas las mañanas a las siete para llegar puntualmente al desayuno. Suena su despertador e intenta apagarlo. Cuando lo hace, tira un vaso de agua por encima de un cable eléctrico y casi electrocuta a su gato Saphir, que tiene un año. Es sorprendente que el gato haya sobrevivido durante tanto tiempo. La última mascota de George, su carpa dorada, que curiosamente tenía el nombre de aciano, se murió en un accidente de coche cuando George intentó llevarlo a casa desde la tienda de mascotas animales donde lo había comprado.

Cuando baja por las escaleras se tropieza con el segundo escalón, un escalón más que ayer. Su madre ya lo está esperando abajo en las escaleras, con tiritas y vendas a mano. „George, hace tres días ahora que no te he llevado al hospital. Estás a punto de romper tu récord de cuatro días sin ir. ¡Ten cuidado, hijo! Hoy es un día importante, es el día de Reyes y he preparado nuestro roscón de Reyes para esta noche." „Sí mamá, sé que estamos a seis de enero, pero no me apetece mucho. Encontraré la alubia de la mala suerte de porcelana escondida en el roscón." „Probablemente cierto, hijo, pero ¡por lo menos podrás disfrutar del postre!"

Sin arriesgarse en la cocina, a saber qué cosas le podrían pasar al pequeño George, se sale afuera para tomar el aire. La nieve refleja la luz brillante a los ojos de George, pero procura caminar hacia la acera. The snow reflects the bright light in George's eyes, but he manages to walk towards the side-walk. Haciendo caso a las instrucciones de su madre, hace todo lo posible por tener cuidado. Desafortunadamente, George lo puede intentar, pero los problemas lo encuentran en todas partes. Para evitar el hielo en un lado de la acera, camina por la nieve del otro lado. Pero el pobre necio no se dio cuenta de que también había hielo debajo de la nieve. Prestando menos y menos atención a sus pasos, se resbaló a unos veinte metros del umbral de su puerta, a cinco metros menos que ayer. Al levantarse se da cuenta de que se ha roto el coxis. Afortunadamente sabe que con esta lesión no es necesario ir al hospital, con la experiencia de centenares de lesiones similares, está bien informado en este campo.

Sin arriesgarse más, se vuelve cuidadosamente a casa. ¡Y sí! Cuando entra en la cocina de su casa, se resbala en una cáscara de plátano que su hermano había dejado adrede en el suelo, después de haberlo fregado su madre. .
„Wieder einmal typisch!" sagt sein Bruder Antoine mit einem Lachen, das den ganzen Raum erfüllt .
„¡Cuánto me gusta hacerte sufrir! Y además me voy a encargar yo, el más joven de la familia, ¡de que esta noche te toque la alubia de la mala suerte!"
„¡Basta ya, Antoine!" ordenó la madre, dando fin a la corta conversación.

George subió las escaleras y alcanzó el tercer escalón antes de caerse de cara y darse con la nariz en las escaleras. Es sorprendente que su nariz siga intacta con todas estas lesiones. Esta vez es su padre quien le espera al final de los escalones con tiritas y vendas a mano. George vuelve a su habitación y Saphir se esconde rápidamente lejos de su amo. George se va al baño. El suelo había sido fregado por su madre y estaba resbaladizo.

Y por supuesto que George se resabaló aterrizando directamente en su coxis. Mientras estaba tomando una buena ducha caliente para cambiar de pensamientos, dejó caer su pastilla de jabón dieciocho veces en seis minutos, es decir tres veces por minuto, cada veinte segundos. Y como si no fuera bastante mala suerte, a George le faltaba agua caliente y el agua frío hizo que se helara. Este cambio repentino de temperatura lo cogió por sorpresa y le hizo caerse de espaldas.

Cuando caía intentó agarrar su cortina de ducha intentando equilibrarse. Terminó acostado en el suelo, envuelto en la cortina de ducha como un burrito humano, con agua que se salía de la bañera al suelo. Consiguió vestirse sin ningún problema. Pero su madre le hizo cambiarse ya que llevaba una camisa a cuadros llena de manchas de mostaza amarillas y un pantalón a rayas naranjas y verdes que estaba roto.

George no era daltónico aunque su madre tuviera sus dudas. George decidió dormir hasta la cena. Según él estaba protegido de posibles accidentes cuando dormía. Sin embargo se cae y se mueve por todas partes durante su descanso. George también es sonámbulo. Va corriendo por su habitación y lanza cosas. Su pobre gato es víctima de ese ataque.

A las seis es hora de cenar. Mientras se dirige hacia ahí, se tropieza varias veces, pero ¡ya no sorprende eso! Su madre pone la mesa y sirve varios platos. George ve un plato de queso y uvas y estira el brazo para cogerse un cuchillo para cortar queso y un plato. Su prima o Julianne le acerca una tirita sin vacilar. George mira su mando confundido. Y efectivamente se había cortado entre su pulgar y dedo índice. La rRisa se extendió alrededor de la mesa.

Saphir salta a las piernas de su amo habiendo llegado la hora del al plato principal. George le quiere dar un poco de pescado y le ofrece su plato debajo de la mesa. Aunque no fuera del todo la culpa de nuestro pitufo torpe, se cayó el plato y se rompió en mil pedazos. Su madre volvió a la cocina para coger otro plato, siendo esta vez uno de papel.

¡Y por fín es hora de tomar el roscón de Reyes! Antoine, el más joven de la familia, cortó el roescón y lo sirvió a su familia. Cortó cuidadosamente el primer trozo y se lo dio a su madre. El segundo trozo se lo dio a su padre y así seguía. El último trozo, más pequeño que los otros, se lo dio a George.

Sin dudarlo mete su cucharita dentro de su trozo del roscón y hurga en la masa de almendras. Al tiempo se desmotiva. Mete una segunda vez la cucharita para hurgar la crema amarillenta. Mira a todos los miembros de su familia. Miran todos a su madre con una leve sonrisa. Normalmente los otros estarían frustrados si encontraran la alubia de la mala suerte.

George está confundido. Ve a su hermano llorando debajo de la mesa y decide buscar otra vez en su trozo del roscón. Cuando llega un poco más hacia abajo nota otra consistencia en la masa, algo más duro. ¡George se puso muy nervioso! Corta su trozo de roscón en dos partes y coge una cucharadita de la crema de almendras.Y es cierto...¡Encuentra el pequeño rey de porcelana! Se supone que la figura da suerte y alegría a quien la encuentre. Con la esperanza de haber encontrado suerte, George se levanta y va rápido hacia las escaleras. .

Uno, dos, tres, cuatro, cinco, seis, siete, ocho, nueve, diez, once y doce. Consiguió subir todos los escalones sin ningún problema. Con la misma suerte baja las escaleras y ve a su madre con tiritas y vendas en la mano observándolo con asombro y alegría. George sale y corre por encima del hielo.

Diez metros, veinte, treinta, cuarenta, cincuenta, sesenta, setenta, noventa, cien. Vuelve corriendo sin ningún problema. Aquella noche la madre de George y Antoine se lo explica todo a su marido. „He metido figuritas en cada trozo del roscón. Sí, he roto la tradición, pero un efecto placebo es de vez en cuando lo único que necesitamos para curarnos. Nuestro pequeño pitufo se ha convertido en un héroe. Y me pone muy contenta. "

„¡Muy bien, Lisa! Siempre he sabido de que eres capaz de hacerlo todo por nuestra familia. Espero que tengas en cuenta que el año que viene puede que desaparezca su suerte si no encuentra el pequeño rey de porcelana de nuevo" dijo en tono burlón, pero con una risa amable.

En esta vida es importante ver siempre el lado positivo de las cosas. Las personas no siempre tienen una vida fácil, pero podemos aprender de este relato. Toma las riendas de tu vida e intenta conseguir tus metas. Algún día encontrarás tu propia figurita de la suerte.

*1
Le petit déjeuner: „Desayuno" en francés. En el francés de América del Norte se suele utilizar la expresión „déjeuner".

2*
„L'épiphanie", la epifanía o el día de Reyes es un día festivo en Francia. Es tradición tomar la „Galette des Rois", el roscón de Reyes, ese día. Este postre dulce está hecho normalmente de hojaldre con crema de almendras. Se esconde una pequeña figurita de la suerte dentro que da suerte y alegría.

3*
Daltonien: daltónico
*4
Benjamin: el miembro más joven de la familia. Según la tradición es el miembro más joven de la familia quien reparte la Galette des Rois.

Cita online salió mal

Durante estos últimos cinco años el pobre Lucas ha sido soltero. Además y a pesar de haber terminado su licenciatura bachelor en teatro de marionetas, de ser un profesional y muy calificado, no tiene suficiente dinero para salir de la casa de su infancia. Lucas vive en casa con su madre Bertha, su padre André-Joseph-Robert-Sa'd y su erizo que le había dado su difunta abuela.

Pero Lucas también tenía una segunda familia que le importaba más que la primera. No, no me refiero a sus padrinos, sino a su colección de títeres. Esa colección consiste enrde más de cincuenta títeres. Pero Lucas tiene unos favoritos que utiliza todo el tiempo y con los que habla seguidamente. Su marioneta favorita, una imitación de su erizo, era una de sus últimas creaciones. También le encanta su títere Sarah, una muñeca china hecha de porcelana, que se podía mover de todas las maneras.

Según Lucas estaba hecha así porque la pequeña Sarah había sido gimnasta olímpica en otra vida. A pesar de todo el amor que Lucas daba a sus amigos, pensaba que no recibía nada a cambio. Durante la noche pensaba a veces que sus títeres se movían para guiñarle el ojo o para mirarle con ojos de amor y darle las buneas noches, pero ese amor no era suficiente para él.

Un día vino su amigo Paul, también titiritero, a visitarle porque estaba preocupado por su bienestar. „Lucas... no te lo tomes a mal, pero sinceramente... Tienes veinticuatro años y no tienes novia. Lo de tus títeres está llegando demasiado lejos, ¡hasta para mí!"

"¡Mira! No necesito a nadie. Tengo a Sarah y a todos los demás!"

„¿Sarah? Estás hablando de nuevo de Sarah, ¿la que era gimnasta en otra vida? No Lucas, ¡ni siquiera está viva!"

„Por lo que yo sé, tiene dos ojos, dos brazos, dos piernas y una cabeza. Según mi curso avanzado de biología del colegio, eso significa que está viva."

„¡Mis consejos vienen de todo corazón, Lucas! Mira, me voy dejándote con una pequeña idea y puedes hacer con ella lo que quieras."

Paul le da un pequeño trozo de papel y se va sin decirle adiós. En el papel hay anotadas de manera poco legible una página web y una pequeña nota: www1.rendezvousdamour.org, un sitio de citas online donde puedes encontrar la Sarah verdadera que te mereces, Paul.

Lucas no sabía realmente qué hacer. Quería mostrarle a Paul y a todos sus compañeros de que era capaz de ser independiente. Por otro lado, quería empezar una nueva vida y dejar la casa de sus padres.
„¿Qué opinas tú, Harry?" le pregunta Lucas a su erizo. No le contesta nada, pero Lucas estaba casi seguro de que lo había visto guiñarle el ojo. Pero para ser totalmente franco, nuestro amigo Lucas está bastante mal de la cabeza.

Después de tomarse su tiempo para pensar, Lucas decide encender su portátil. Abre un navegador y escribe la dirección de la página web en la barra del navegador. Se le invita a crear un perfil. En ese momento entra su madre Bertha en su habitación para preguntarle lo que quiere para cenar.

Lucas se da prisa para esconder la pantalla, pero su madre lo pilla haciéndolo y le pregunta por qué lo está escondiendo.Sabe muy bien que no puede evitar las preguntas de su madre y gira la pantalla para mostrárselo.
„¡Lucas, Lucas, Lucas, estas cosas no tienes que escondérmelas! Tengo un montón de amigas que tienen perfil

en love rendezvous y hasta les he ayudado a crear sus perfiles. Te voy a ayudar con el tuyo." Indeciso porque no quería crear un perfil con su madre, Lucas se toma su tiempo antes de dejarle el ordenador. Finalmente le dio el portátil de manera reticente. „¡Empecemos! Te haré preguntas, las contestarás y yo pondré tus contestaciones en tu perfil," dijo Bertha. "Primera pregunta: ¿Qué te gusta?"

„Ah, me gustan los títeres. Crear títeres. Asistir a festivales de marionetas. Hablar con títeres. Ah, y claro, jugar con ellos..."

„¿Títeres?" le interrumpe su madre con voz frustrada. „ No, ¡eso no lo puedo poner!"

„¡Mamá! Mi perfil me tiene que presentar a mí, mi VERDADERA personalidad."

Su madre se puso a reír: „¿te crees que los perfiles de las personas son verdaderos y representativos? ¡Te estás equivocando, chico!"

"Ok, ok, qué me gusta ... Me gustan criaturas inventadas que no existen, como unicornios, dragones, el monstruo de Loch Ness y chicas amables."

„¡LUCAS! ¡Te he educado mejor! Nos vamos hacia la siguiente pregunta. ¿Comida favorita?"

„De manera comestible"

„¡Eres imposible! ¡Deja ya de quemar tus puentes! "

„No me arrepiento nunca de quemar puentes, mamá, sólo me arrepiento que no haya ciertas personas encima de elloas cuando loas quemo."

Aún estando muy descontenta con el comportamiento de su hijo, Bertha continúa haciéndole preguntas. „Ok, una pregunta muy fácil, ¿tienes una vida satisfactoria?"

„No lo sé, pero ¡mejor que la tuya!" Lucas se pone a reír, pero intenta contenerse: "Perdona, pero ¡es muy gracioso! Ok, una última pregunta y después te dejaré que me hagas mi perfil tú solita, si hago otra broma."

„Ok, siguiente pregunta, defínete en una simple palabra"
„¡Simple!"
„¡Basta ya!"
"¡Pero si no ha estado tan mal, mamá!"

„¡Me da igual! Voy a terminar tu perfil. Después de haber trabajado con mis amigas en sus perfiles, sé exactamente lo que buscan las mujeres en los perfiles de los hombres. Te haré un perfil espectacular, hijo mío, ¡aunque no te lo merezcas! Tendrás lo que te mereces por hacer todo esto, verás."

Se va refunfuñando, pero con una sonrisa diabólica, como si estuviera pensando en un plan. Unos días después, Lucas decide comprobar si tenía algún mensaje de chicas que buscaban citas en love rendezvous. Introdujo su nombre de usuario y contraseña y comprobó su bandeja de entrada. Estaba sorprendido de ver que habia recibido ya dos mensajes de la misma chica.

Hola H1990284,

No me puedo creer que haya encontrado a alguien tan perfecto como tú en línea.

Todas tus cualidadesc alidades son exactamente lo que quiero de mi futura pareja, casi palabra por palabra. Por favor, contáctame para quedar.

Gracias.
-F0083726

Hola:

Disculpa que te mande otro mensaje en tan poco tiempo, no te quiero asustar, simplemente ¡no puedo esperar a hablar contigo en persona!

Lucas se siente contento e incómodo al mismo tiempo. Contento porque piensa que ha encontrado a su verdadera Sarah perfecta, pero incómodo por haber encontrado una chica que quiere conocerlo por lo que su madre ha escrito. Decidió echar un vistazo a su perfil antes de contestar. Tiene veinticuatro años, vive a veinte minutos de su casa y se interesa por el teatro. De verdad que es la chica perfecta para él, le contesta:

Buenas tardes:

Espero poder conocerte en los próximos días. También tengo muchas ganas de hablar contigo cara a cara.

¿Qué tal mañana?
-L

Recibió una respuesta al cabo de unos minutos:

Sí, quedemos en el Café 24 a las doce para comer.

A la mañana sigiuente, Bertha se ofrece para de conducir a su hijo al café. Antes de dejarlo, le dice con orgullo: „Te lo había dicho, lo sabía: lo que les gusta a mis amigas es lo que les gusta a las chicas. ¡Todo el mundo miente de todas formas en su perfil! !Edad, dirección, calidades!"

Lucas le da las gracias y la deja para acercarse a la chica que sólo conocía por su nombre de usuario anónimo F0083726. Entra en el café y se encuentra cara a cara con la mejor amiga de su madre, Sandrine. Detrás de él escucha la voz de su madre:

„Ves, la vida siempre nos da lo que nos merecemos por nuestras acciones. ¡Diviértete!"

Se ríe y se va (del café).

Un cómico en el supermercado la tienda de alimentación

Una madre entró en el supermercado la tienda de alimentación con su pequeña hija de siete años. Estaba vestida de rosa y llevaba un pequeño collar de oro en su cuello. Era muy guapa y adelantada para ser una niña de su edad. Pero su madre era muy joven y obviamente estaba cansada.

Maxime, un hombre joven de veintitrés años, se sentía obligado desde el primer instante de ayudar a la madre joven que, como parecía, tenía problemas para tranquilizar a su hija. Eres capaz, Adrienne. Estaremos sólo unos poco minutos en la tienda, y ¡ya está! Serás capaz de estar rodeada de todas estas personas extrañas sin entrar en pánico" dice la madre.

Maxime se acercó y dijo:
"Perdone, pero pienso que necesita ayuda para tranquilizar a su hija. Lo está haciendo muy bien, sin embargo ¡me gustaría ayudar a una mujer joven y bella como Usted!" La madre da unos pasos hacia atrás, dudando.
"No creo que sea necesario", dijo y retrocedió unos pasos más "Mire, no es realmente..."
Maxim la interrumpió:
„Señora, me daría gusto echarle estaría contento echándole una mano! Para compensarme sólo le pido que me deje contarle a su hija algunos de mis chistes. Estoy practicando para ser cómico algún día."

Sin decir ni una palabra más, la madre entra en la tienda y Maxim les sigue. Empezó con unos cuantos chistes:

„Nos encontramos ahora en la panaderia de la tienda. Mm... ¡Creo que tengo un buen chiste de un panadero! ¡Exacto! Mi

amigo se fue a una panadería de París. Su mujer le había pedido una coca de hojaldre para su cumpleaños. Se va al mostrador de pedidos especiales y encontró una "coca de hojaldre de mil capas" por 10 euros.
Le preguntó al panadero: Señor, ¿me podria dar una coca de hojaldre de quinientas capas?
Es que ¡sólo tengo cinco euros!"

Su chiste tuvo un silencio como respuesta. Esperó unos minutos antes de intentarlo de nuevo.

Los tres pasaron por unos pasillos. La madre miró su carro y se dio cuenta que le faltaban los tomates que necesitaba para hacer espaguetis para cenar. Fue a la entrada al principio de la tienda a la verdulería. Encuentra los tomates y empieza a meterlos en una bolsa.

Maxim está en el siguiente pasillo, coge la botella de un producto y la esconde detrás de su espalda. Se dirige hacia las chic ¡No tengas miedo a los extraños que te rodean!: Casi hemos acabado y nos iremos a casa enseguida" Maxime continúa con sus chistes: „Ahora que lo pienso, ¡se me ha ocurrido un chiste que te gustará de verdad!" Le da un tomate a la niña y dice: "Un día cruzaron dos tomates la calle, una estaba muy por delante de la otra. Al cabo de unos minutos un coche atropelló uno de los tomates.
El primero se dio la vuelta y le dijo, ¿Te vienes? ¡Ketchup!"
Le da la botella de ketchup que tenía escondidao.

La chica se rió, pero la madre seguía diciendo: „Casi hemos terminado, Adrienne, estarás bien, casi conseguido. No hay que preocuparse." Maxim está un poco confundido.
„Pero mire, ¡le ha parecido gracioso mi chiste! ¿A Usted no?"
Maxim mira a la madre, más confundido aún. „ Ve - Ketchup está hecho de tomates chafados. Y la palabra Ketchup suena en inglés como "catch up", ¡alcanzar a alguien!
Es gracioso, ¿no?"

Maxim se pone un poco triste y estruja su cerebro en busca de otros chistes que podían hacer referencia a cosas que podía encontrar en la tienda de alimentación. La chica sonríe y pregunta de manera perspicaz a su madre: „Mamá, ¿puedo tener un postre rico esta noche? ¿Podemos hacer una coca?" Su madre se dirigió al pasillo de reposteria, té y café.

Maxim coge una bolsa de azúcar de un lado del pasillo y una taza de café del otro lado, escondiéndolos detrás de su espalda. Dice:
„Un grano de azúcar y una cucharita estaban juntos en la tienda.
A la cucharita le gustaría tener una cita con el dulce trozo de azúcar.
"¿Dónde podremos vernos la próxima vez?"
Preguntó la cucharita, y le contestó el azúcar de manera burlona: "¡En un café!"

Y tal como había hecho anteriormente con la broma del ketchup, saca la taza de café que tenía escondida detrás de su espalda. Ahí vamos, ¡me estoy calentando! Vamos a por otro"

Se toma su tiempo para meditar sobre su próximo chiste.
„¡Una broma sobre una madre y su hija va a romper el hielo!"
Mira a su alrededor para encontrar algo relacionado y dice:
„Una niña le pide un pregunta a su madre por un euro a su mamá para dáarselo a la señora mayor que está dando vueltas por el parque.
Su madre está contenta de que su hija muestre altruismo y amabilidad, le da dos euros y le pregunta:
"¿Es una sintecho o una vagabunda o ...?"
La hija enrojece y dice: ¡No! ¡Es la mujer que vende helados!"
Terminó su frase justamente cuando la madre saca un paquete de helado del congelador, Maxim era un profesional.

La pequeña se ríe de nuevo, pero su madre sigue con su tontería:

„Casi terminado, ¡hemos llegado a la caja! Todo está en orden, Adrienne."

Maxim sigue con su juego:

"¡Nos queda el tiempo justo para hacer una última broma para la pequeña!

Una pequeña niña como tú le pregunta a su abuela si tenía buenos dientes.

Su abuela contestó que tenía los dientes horribles y la niña contestó:

„Perfecto, ¿puedes vigilar mis caramelos mientras yo esté fuera me he ido?"

Y Un con un gesto fluido saca una bolsa de con caramelos del mostrador frente al cajero. La niña está encantada.

„Ve, dice Maxim, su pequeña Adrienne no tiene miedo, se ríe y ¡le gusta r hablar con extraños estando con usted contigo!"

La madre, un poco avergonzada, contesta:

„Mi hija se llama Juli, mi nombre es Adrienne."

Other Books

If you enjoy learning with Parellel Text and would like to advance your vocabulary and grammar skills, you are invited to read:

"Learning Spanish II with Parallel text - Intermediate Level 1"

"Learn Spanish III with Parallel Text - Culturally Speaking - Short Stories"

Short stories mainly on Spanish culture with a very slight academic touch. Ideal to round off the Spanish Parallel Text course.

Audiobook

We offer two methods of listening to the audiobook. In any case, if you have trouble accessing your audio, please write us an email and we will deliver the audio to you through a different method.

Streaming:
The link will open in your internet browser from where you can play the audio. Your device must support streaming to use this method.
www.paralleltext.eu/ES/11/Tomatima.mp3
www.paralleltext.eu/ES/11/Tiendas.mp3
www.paralleltext.eu/ES/11/Comer.mp3
www.paralleltext.eu/ES/11/Cine.mp3
www.paralleltext.eu/ES/11/Estados.mp3
www.paralleltext.eu/ES/11/PorQueYo.mp3
www.paralleltext.eu/ES/11/Online.mp3
www.paralleltext.eu/ES/11/Supermercado.mp3

Direct Download:
Directly download the complete audiobook to your computer.
www.paralleltext.eu/ES/11/PT11.zip

Please contact us by email if you have any difficulties downloading your audio at book@paralleltext.eu. Thank you!

Polyglot Planet

Made in the USA
San Bernardino, CA
12 January 2016